Jakob Schlafke

COLON

BONECHI

pb

Deutsche Auslieferung:
Paulsen Buchimport / d.i.v.a.
Rosenau 16
79618 Rheinfelden
fon: (+49)(0)7623-3097694
fax: (+49)(0)7623-3097696
mail: bonechi@paulsen-buchimport.com
www.paulsen-buchimport.com
ISBN 978-3-944027-00-5

Ideazione e progetto: *Casa Editrice Bonechi*
Direttore editoriale: *Monica Bonechi*
Ricerca iconografica: *Marco Bonechi*
Progetto grafico, videoimpaginazione e copertina: *Alessandro Calonego*
Testi di *Jakob Schlafke*; *Patrizia Fabbri*, *Giulia Fonnesu* e *Hajo Paulsen*
Aggiornamenti e revisione: *Patrizia Fabbri*, *Hajo Paulsen*
Disegno e pianta (2° e 3° di copertina): *Stefano Benini*

Stampato in Italia dal *Centro Stampa Editoriale Bonechi.*

Le foto appartengono all'Archivio della *Casa Editrice Bonechi* e sono state eseguite da *Marco Bonechi.*

Hanno inoltre collaborato:
Corbis: fotografie pag. 71; *Marka*: fotografie pagg. 3 (© Friedrich), 16/17 (© Werner Dieterich), 19 (© Petr Zurek), 21 in alto a sinistra (© Walter G. Allgöwer), 22 in alto (© Michael Leonhard) e in basso (© Artcolor); *SIE/Simephoto*: fotografie pag. 30 in basso (© Lubenow Sabine/SIME-4Corners Images) e copertina (© Gräfenhain Günter/SIME-4Corners Images).

L'editore si scusa per eventuali omissioni, rendendosi disponibile per le integrazioni, se informato dagli aventi diritto.

ISBN 978-88-476-2727-7

www. bonechi.com

* * *

A 10 9 8 7 6 5 4 3 2 1

Una drammatica immagine del centro di Colonia come si presentava, letteralmente devastato dai bombardamenti aerei degli alleati, nella primavera del 1945: si riconoscono la Cattedrale e quanto rimaneva del ponte sul Reno.

Cenni storici

Parlare di Colonia significa passare in rassegna duemila anni di storia. Nel corso dei lavori per la costruzione della metropolitana nella zona del Duomo e della Stazione, gli archeologi portarono alla luce numerosi reperti, che nel 1970 vennero esposti al pubblico nella mostra "Rom am Dom". Oggi siamo in possesso di dati precisi riguardanti il periodo romano: sappiamo, ad esempio, che Agrippa, in qualità di governatore della Gallia, trasferì la città degli Ubi dalla riva destra del Reno a quella sinistra: il confine del Reno garantiva così una certa protezione. Il 38 a.C. è la data di fondazione della città degli Ubi e del suo tempio, l'Ara Ubiorum, nelle cui vicinanze era stanziato anche un accampamento di legionari. La pesante sconfitta con la quale Arminio, nel 9 d.C., annientò l'esercito di Varo, composto da duemila uomini, nella foresta di Teutoburgo, ebbe notevoli conseguenze anche per la città degli Ubi. Quando nel 14 d.C. andò al potere l'Imperatore Tiberio, Colonia era campo estivo per quattro legioni e campo invernale per la I e la XX legione. Il 6 novembre del 15 d.C. vi nacque Agrippina, figlia di Germanico e madre dell'Imperatore Nerone. Ella ottenne che la propria città natale diventasse di rango e di diritto una colonia romana, che si sarebbe dovuta chiamare Colonia Claudia Ara Agrippinensium (C.C.A.A.). Comincia così la storia di Colonia. Nel 70 vengono ultimate le mura della città, che nel 90 diventa capitale della Bassa Germania. Nel 98 l'Imperatore Traiano, a quell'epoca di stanza a Colonia, succede all'Imperatore Nerva e per la città seguono circa 150 anni di sviluppo e di pace.

Nella città di Colonia, che si estende su quasi 100 ettari, al riparo dalle inondazioni, vivono 20.000 persone. Davanti ad essa, sul Reno, si trova un'isola lunga quasi un chilometro. L'industria ed il commercio prosperano. Accanto ad altre religioni (come per esempio il culto di Mitra) si diffonde il Cristianesimo. Sul luogo dove adesso si trova il Duomo è attestata la presenza della prima chiesa arcivescovile. Il primo vescovo conosciuto, Materno, nel 313/314 prese parte al sinodo di Roma ed Arles. Nel 284 l'Imperatore Diocleziano divise l'Impero in nuove circoscrizioni amministrative e richiese ai soldati il sacrificio alla propria divinità, ma i martiri della legione di Tebe resistettero alla pretesa dell'Imperatore. Costantino, Imperatore della Gallia dal 306, costruì a Colonia il primo ponte fisso sul Reno nel 310 e consolidò la testa di ponte sulla destra del Reno attraverso il Castello di Deutz. Nel 312 intraprese la guerra per il predominio sull'Impero e, dopo la vittoria al ponte Milvio, nel 313 inviò ai cristiani a Milano l'editto sulla libertà di culto.

Ciononostante, esisteva sempre il pericolo di assalto da parte di altri popoli nelle loro migrazioni. Nel 355 i Franchi Salici attaccarono la città di Colonia, occupandola per dieci mesi, fino a quando Giuliano l'Apostata la riconquistò nel 356. Seguirono anni difficili per i cristiani. Nel 388 Colonia venne nuovamente conquistata e saccheggiata dai Franchi. Nel 397 Severino diventa vescovo di Colonia; la dominazione romana termina in pratica nel 401, quando Stilicone guida le legioni in Italia per una campagna militare. La sicurezza della frontiera renana è nelle mani dei Franchi, il cui ramo ripuario conquista Colonia e la nomina capitale nel 455. Nel 496 il re Clodoveo, dopo la vittoria sugli Alemanni, presso Zülpich, si fa battezzare: comincia così la cristianizzazione dei Franchi.
All'interno dell'atrio del primo Duomo della città, nel 1959 venne rinvenuta una piccola Cappella dedicata alla Madonna contenente le tombe di una donna e di un fanciullo della casa del re Teudoberto II, che vi erano stati sepolti insieme a preziose suppellettili nel 550.
I successivi duecento anni furono caratterizzati da dure lotte per il potere, che si conclusero con il dominio dei Carolingi e col regno di Carlomagno, incoronato Imperatore a Roma nell'800. Il suo amico e consigliere, il vescovo Hildebold di Colonia, venne nominato nel 795 Arcivescovo di una nuova provincia ecclesiastica più ampia, che si estendeva da Amburgo fino al Belgio. Nell'818 fece demolire il vecchio Duomo e ne fece costruire uno nuovo, monumentale, che venne consacrato nell'870. In questo periodo c'erano inoltre sei conventi di monaci e monache, tra i quali St. Gereon, la chiesa più importante, risalente al IV secolo, che per i suoi mosaici parietali venne chiamata "ai Santi d'oro". Nel 689 Pipino di Heristal insieme alla moglie Plectrude

Lo stemma comunale di Colonia, contraddistinto da tre corone, che rappresentano i Re Magi, e da undici gocce di sangue a ricordare le leggendarie 11.000 vergini compagne di Sant'Ursula, che a Colonia fu martirizzata.

fece erigere l'importante Monastero di St. Maria im Kapitol (Santa Maria in Campidoglio) sul luogo dove prima sorgeva il tempio capitolino romano.
La città allora fiorente venne conquistata e saccheggiata nell'881 dai Normanni, che avevano risalito il Reno, e riuscì a riprendersi solo lentamente.
Con l'Arcivescovo Bruno (953-965), fratello minore dell'Imperatore Ottone I, che nel 953 fu contemporaneamente Arcivescovo di Colonia e Granduca di Lorena, cominciò il periodo glorioso della storia della città, che ancora oggi si rispecchia nella grandiosità delle sue chiese romaniche. Colonia fu governata fino al 1288 dagli Arcivescovi. Bruno, con l'ampliamento delle mura fino al Reno, aveva già esteso a 125 ettari l'area della città protetta. La cinta muraria venne allungata nuovamente nel 1106 e nel 1180, così che Colonia, con i suoi 40.000 abitanti circa, fu la città germanica più popolosa ed ebbe la cinta muraria più lunga.
Tra gli Arcivescovi che succedettero a Bruno spiccano: Gero, che fu mandato da Ottone I a Bisanzio per chiedere da parte dell'Imperatore la mano della principessa Teofane, e che è ricordato dall'imponente Croce di Gero che si trova nel Duomo di Colonia; Heribert (999-1021), secondo il cui testamento il Cancelliere Ottone III, suo amico, costruì il Monastero di Maria a Deutz, l'attuale St. Heribert. Sotto il suo successore Pilgrim (1021-1036) il Cancellierato per le province italiane venne collegato con l'Arcivescovado di Colonia, nel 1031. Nello stesso periodo gli Arcivescovi ottennero anche il diritto di essere incoronati ad Aquisgrana. Il successore di Pilgrim, Hermann II (1036-1056), della famiglia degli Ezzoni, operò persino in Polonia, nell'Abbazia di Tiniec presso Cracovia, fondata dai monaci di Brauweiler. Al 1049 risale la visita di Papa Leone IX. A quel tempo il Papa e l'Imperatore erano membri onorari del Capitolo del Duomo a Colonia, un'onorificenza ecclesiastica, ricordata anche da Papa Giovanni Paolo II in occasione della sua visita a Colonia il 15 novembre 1980. Hermann II fece anche coniare le prime monete con la scritta "Sacra Colonia", un titolo rimasto alla città anche negli anni successivi. I grandi monasteri e le abbazie salirono a quattordici: oltre al Duomo c'erano St. Andreas, St. Aposteln, St. Cäcilien, St. Georg, St. Gereon, St. Kunibert, St. Maria ad Gradus, St. Maria im Kapitol, Gross St. Martin, St. Pantaleon, St. Severin, St. Ursula e St. Heribert a Deutz.
Il successore di Hermann, Annone II (1056-1075), continuò la serie dei grandi Arcivescovi. I suoi contemporanei lo celebrarono come "fiore e luce" della Germania, ma in realtà si erano già manifestati duri contrasti con parte della cittadinanza sempre più consapevole dei propri diritti.
Una data molto importante nella storia della Germania è il 1164,

anno dell'arrivo in città delle ossa dei Re Magi, che l'Imperatore Federico Barbarossa aveva inviato come prezioso bottino di guerra all'Arcivescovo di Colonia e suo Cancelliere Rainald von Dassel, dopo la conquista di Milano del 1162. Il reliquiario per i Re Magi non doveva avere uguali al mondo. L'opera, cominciata nel 1180 da Nicolas de Verdun, fu terminata nei successivi cinquant'anni e Colonia diventò una delle principali mete di pellegrinaggio del mondo cristiano.
Negli anni in cui veniva ultimato il Reliquiario dei Re Magi *era Arcivescovo Engelbert (1216-1225), che diventò reggente nel 1221 sotto l'Imperatore Federico II Hohenstaufen. Amante della giustizia, uomo forte ed energico, egli svolse un ruolo decisivo nella politica dell'Impero.*
Testimonianza duratura della forza e del potere di quel secolo è il Duomo, cominciato nel 1248. Ma già al tempo in cui venne terminato il coro, nel 1322, gli Arcivescovi non erano più a capo della città. Il 5 giugno 1288, infatti, i cittadini, nella battaglia presso Worringen, avevano infranto il dominio territoriale degli Arcivescovi, il lustro e la grandezza dei quali sono ricordati con riconoscenza nella nostra epoca nell'"Anno delle chiese romaniche".
La potenza dei cittadini in questo periodo è testimoniata oggi dalla casa Overstolzen sulla Rheingasse, del XIII secolo. Il suo nome mantiene vivo il ricordo di una delle famiglie che giocarono un ruolo decisivo nelle lotte intestine tra gli Arcivescovi e i cittadini che, grazie al commercio, erano diventati ricchi e potenti. Nel 1106 Enrico IV aveva concesso ai cittadini il diritto di difendere la propria città. Nel 1180 la cinta muraria venne estesa a cinque chilometri e mezzo: Colonia era la città più grande dell'Impero. Nel panorama della città spiccano circa 150 fra chiese e cappelle; arte e scienza sono fiorenti. Gli studi generali dei Domenicani e dei Francescani, con insegnanti quali Alberto Magno, il Maestro Eckhart, Tauler e Duns Scotus, fecero di Colonia una roccaforte della scienza a livello europeo.
Ma le lotte interne continuavano. Nel XIV secolo le famiglie si scontrarono con le corporazioni per il predominio della città. L'atto di coalizione del 1396 fu il primo statuto democratico che eliminò completamente le differenze di classe. Esso fu il risultato della vittoria delle corporazioni sui patrizi: simbolo di tale vittoria è la torre del Municipio che venne costruita all'inizio del XV secolo. Da allora in poi la più alta autorità amministrativa fu il Consiglio, che come organo centrale composto da 49 membri veniva eletto dalle "Gaffeln", le corporazioni degli artigiani.
A Colonia anche la Hansa si richiama a questa antica tradizione; essa perseguì soprattutto scopi economici. Nel 1367 le città della con-

Simon Meister (1796-1844) (attr.), *Il Carnevale di Colonia del 1836*, 1836. Colonia, Museo Storico della Città di Colonia.

federazione di Colonia si unirono in lotta contro il re Waldemar IV Atterdag, che si era impadronito nel 1361 dell'isola di Gotland ed aveva annientato la flotta della Hansa. Esse conquistarono tra l'altro Copenhagen e nel 1370, con la pace di Stralsund, ottennero la garanzia della propria supremazia nel commercio. La sala del Municipio di Colonia, dove ebbe luogo l'alleanza, si chiama ancora oggi Sala della Hansa.

Anche nel campo della scienza gli abitanti di Colonia dettero prova del proprio valore. Sebbene la città avesse già un'antica tradizione di istituti di ordine superiore, nel 1388 fu fondata la prima Università comunale della Germania. Nel 1475 l'Imperatore Federico III dichiarò formalmente Colonia città libera dell'Impero, suggellando così quell'evoluzione cominciata nel lontano 1288. Un'immagine della città così come si presentava intorno al 1500 è conservata in un'incisione di Anton Woensam. I tumulti del periodo della Riforma lasciarono poco spazio ai progetti architettonici. Il Municipio venne ampliato, mentre i lavori al Duomo, che era pur sempre un edificio imponente, furono sospesi dal 1560 fino al 1842, quando si ricominciò a lavorare con nuovo entusiasmo. All'inizio del XVII secolo sorse l'Arsenale. Tra gli edifici più significativi deve essere ricordato il Monastero Gesuita, con la Maria Himmelfahrtskirche (Chiesa dell'Assunzione di Maria), costruiti da Christoph Wämser tra il 1618 ed il 1627. Durante la Guerra dei Trent'Anni (1618-1648), la parte della città sulla sinistra del Reno venne risparmiata, ma risentì ugualmente di questo periodo di povertà e di carestia.

Gli edifici sacri che sorsero tra la fine del XVII e l'inizio del XVIII secolo subirono tutti l'influsso olandese. Nella decorazione degli interni domina il Barocco; i preziosi arredi degli altari e gli oggetti del culto vengono creati per lo più da maestri della Germania del Sud.

La ripresa culturale ed artistica, dopo gli anni difficili del XVII secolo e la Guerra di Successione Spagnola (1701-1714), venne improvvisamente interrotta dalla Rivoluzione Francese: Colonia venne occupata nel 1794 e nel 1801 venne annessa alla Francia. Fu la fine della città libera dell'Impero e dell'Arcimonastero Kur-Colonia. Nel 1796 il Duomo e numerose chiese furono profanati; la Chiesa dell'Assunzione di Maria diventò il Tempio della Ragione, i monasteri furono chiusi, i beni ecclesiastici dissipati. Ma alcuni cittadini, amanti dell'arte e con spirito d'iniziativa, riuscirono a salvare una parte del patrimonio artistico della Chiesa; fra tutti spicca il nome di Franz Ferdinand Wallraf (1748-1824).

Nel 1815, dopo il Congresso di Vienna, Colonia passò alla Prussia e divenne nuovamente un punto vitale del commercio e dell'industria. Nel 1822 fu inaugurato il ponte sul Reno, seguito nel 1859 dal primo ponte fisso di collegamento stradale e ferroviario. Nel 1881 vennero chiuse le mura medievali e venne costruita una nuova cinta muraria. Le annessioni di nuovi comuni, verificatesi a partire dal 1883, hanno fatto di Colonia una città con un milione di abitanti (nel 1980). Dopo la Prima Guerra Mondiale Konrad Adenauer, che fu sindaco di Colonia dal 1917 al 1933 e che nel 1949 fu il primo Cancelliere Federale, cinse la città con un anello di verde pubblico, il grande parco per il tempo libero.

Durante la Seconda Guerra Mondiale il 78% dell'abitato fu distrutto dalle bombe, il 90% della parte più antica scomparve. Il Duomo con le sue alte torri si ergeva in mezzo alle macerie. Per il settecentesimo anniversario della fondazione del Duomo il Cardinale di Colonia Frings invitò Papa Pio XII insieme ai principali Vescovi e Cardinali degli Stati una volta nemici, come prova di riconciliazione e di affetto della vecchia Europa cristiana e come inizio di un nuovo sviluppo pacifico.

Colonia in epoca romana

Nell'inverno 1969-1970, il piano superiore della Galleria d'Arte ospitò una mostra intitolata "Rom am Dom", in cui era esposta una parte dei tesori venuti alla luce in occasione dei lavori per la costruzione della metropolitana. Nel 1941, durante la costruzione di un rifugio antiaereo vicino al Duomo, a sei metri di profondità, venne scoperto il *Mosaico di Dioniso*, che nel 1946 fu esposto al pubblico in un piccolo museo. Il 15 agosto 1948, nel settecentesimo anniversario della posa della prima pietra del Duomo, il mosaico, dopo essere stato tenuto in un bagno d'alcool per due settimane, apparve in tutto il suo splendore. Costituendo una testimonianza dell'esistenza del Duomo già nel III secolo, sarebbe divenuto il pezzo di maggior interesse del **Museo Romano Germanico**, portato a termine nel 1974.
Nel maggio del 1946 il professor Doppelfeld, su incarico del Capitolo del Duomo, cominciò gli scavi sotto la chiesa, che portarono alla scoperta della chiesa episcopale carolingia e di un tempio romano del I secolo d.C. Nel 1969, vicino alla casa dove era stato trovato il *Mosaico di Dioniso*, venne portata alla luce una stanza dedicata a Mitra, una delle tre che furono scoperte a Colonia, a testimonianza di come questo culto fosse diffuso in particolare nel III secolo.
Non solo i preziosi reperti trovati vicino al Duomo ed ora esposti nel museo risalgono al periodo romano: anche gli scavi effettuati sotto il Municipio hanno portato alla scoperta di testimonianze di quell'epoca. Sono stati infatti rinvenuti resti dei quattro edifici pretori che vennero eretti, uno dopo l'altro, come residenza del capo della città per la Provincia Basso-Germanica. Già nel 1570 il senatore Hermann von Weinsberg, durante la costruzione del nuovo Municipio, aveva esaminato le antiche imponenti mura, prendendone nota nel proprio diario. Ma ricerche più approfondite furono possibili soltanto dopo il 1953, in seguito alle distruzioni causate dai bombardamenti dell'ultima guerra. Vennero trovati un palazzo di rappresentanza e l'Aula Regia, dove si svolgevano i dibattimenti giudiziari. La fondazione dei quattro edifici pretori è databile intorno ai primi quattro secoli.

Il *Sepolcro di Publicio* (50 d.C. circa), imponente con i suoi quasi 15 metri d'altezza, oggi conservato al Museo Romano Germanico.

Nel 1830, vicino al Palazzo Pretorio, venne scoperta l'entrata ad un tratto di condotto fognario lungo circa 140 metri, largo 1,20 metri ed alto 2,00-2,50 metri, attraverso il quale i romani facevano confluire nel Reno le acque di scarico già verso la metà del I secolo.
In altre zone furono trovati anche i canali della vasta rete per mezzo della quale l'acqua arrivava nelle case di Colonia dall'Eifel, attraverso un acquedotto romano lungo più di 90 chilometri. Quando i Romani lasciarono Colonia, intorno al V secolo, l'acquedotto venne trascurato divenendo inutilizzabile, tanto che nell'XI secolo gli abitanti della zona utilizzavano i suoi resti come materiale da costruzione.
La testimonianza più imponente dell'epoca romana è rappresentata dalle mura della città, una delle più grandi fortificazioni d'Oltralpe. Nel 50 d.C. si cominciarono a costruire i bastioni di difesa: le mura merlate, lunghe 4 chilometri ed alte almeno 7,80 metri, erano circondate da un fossato largo 9 metri e profondo 3-4 metri. La costruzione venne portata a termine nell'anno 70, durante la rivolta dei Batavi. Delle nuove porte tre danno ad est, sul Reno, tre ad ovest, due a sud ed una soltanto a nord, visibile dalla cima del Duomo. All'interno delle mura si trovavano 19 torri rotonde, del diametro di 9,20 metri. Ci si può fare un'idea di come fosse la costruzione partendo dal Duomo e percorrendo un chilometro verso ovest, fino alla torre d'angolo, la "torre romana". La parte della città più al riparo dalle inondazioni si trovava in un'isola, larga fino a 180 metri, che si estendeva davanti al lato est delle mura. Al centro di essa c'era una costruzione, larga 71,50 metri e lunga 76, proprio sulla destra del Palazzo Pretorio. Nella parte orientale si trovava un bacino di 34 x 17,20 metri, profondo 1,55 metri, che

Il Museo Archeologico Romano Germanico di Colonia è ospitato oggi nell'imponente edificio sorto nel 1974 accanto al Duomo sul sito di una grandiosa villa romana, lo stesso dove era tornato alla luce l'ormai celeberrimo mosaico con scene della vita di Dioniso (220 d.C. ca.). Proprio il mosaico oggi fa da superba pavimentazione al museo, dove sono esposte ricchissime collezioni di opere d'arte e di oggetti di uso quotidiano che illustrano le vicende e gli splendori della Colonia romana e alto-medievale.

era stato accuratamente rivestito con piastrelle di tufo e contornato da un bordo piastrellato largo 5 metri. Nella piazza e nel bacino furono rinvenuti frammenti di ceramiche risalenti alla prima metà del I secolo d.C.
Gerta Wolff, alla quale dobbiamo la migliore guida della Colonia romano-germanica, oltre

In alto, un particolare del bellissimo *Mosaico di Dioniso*; a destra, uno scorcio delle collezioni di terrecotte e di oggetti in vetro di epoca romana, quest'ultima in assoluto la più grande del mondo.

A sinistra, la stele funeraria di Caio Messuleno, uno schiavo affrancato che aveva preso il nome del patrono cui doveva la libertà.

Il suggestivo allestimento di una delle sale del museo, con, in alto, quanto rimane di un gruppo ellenistico del III secolo raffigurante bambini che giocano a cavalcioni l'uno dell'altro.

alla spiegazione più semplice, e cioè che si tratti di un'area sportiva, accenna all'eventualità che la zona sacra dell'*Ara Ubiorum*, a tutt'oggi non ancora scoperta, potesse trovarsi qui.

Nel II secolo i Romani costruirono nell'isola ampi vestiboli, tra i quali il vestibolo C, che potrebbe essere l'edificio che venne poi sostituito dall'attuale Chiesa di Gross St. Martin. All'isola si accede anche attraverso il ponte fatto costruire nel 310 da Costantino, quale Imperatore della Gallia, per raggiungere il Castello di Deutz, da lui eretto. Attualmente non è più possibile distinguere l'isola perché l'Arcivescovo Bruno (953-965) fece riempire il braccio di fiume che la separava dalle mura cittadine e, costruendo nuove fortificazioni, la fece includere nell'area urbana, che passò così da 100 a 125 ettari di estensione.

In una delle zone archeologiche più importanti di Colonia si trova il palazzo romano del governatore, situato sotto il moderno Municipio. In quest'area si trovava il centro amministrativo della Provincia Basso-Germanica, il cui capo, che aveva il titolo di "propraetor", era nella maggior parte dei casi un ex console. Come rappresentante dell'Imperatore egli era il comandante in capo delle truppe di stanza nella provincia, esercitava il suo potere anche sull'amministrazione civile, sulla giustizia e sulle forze dell'ordine e doveva inoltre occuparsi del culto dell'Imperatore. Oltre all'apparato burocratico dell'amministrazione provinciale dipendevano da lui un contingente di 500 soldati a cavallo e 500 fanti.

Una gran parte dei reperti del periodo romano è esposta oggi al **Museo Romano Germanico**, che venne costruito tra il 1970 ed il 1974 vicino al Duomo, proprio dove, nel 1949, era stato trovato il *Mosaico di Dioniso* (databile intorno al 220), che poteva essere così mostrato al pubblico nel suo posto originario. Dall'ampia finestra ad ovest anche il visitatore di passaggio può avere un'idea della ricca cultura dei

Molti sono i raffinati oggetti di uso cultuale o quotidiano che si possono ammirare nel Museo Romano Germanico.

Fra questi numerose lampade ad olio, spesso con la raffigurazione di scene di vita o di personaggi storici ma anche mitici.

Splendidi anche gli oggetti in vetro, che lasciano intuire la tecnica assai perfezionata raggiunta nella lavorazione.

Un originale rilievo del III secolo in cui sono raffigurati un cane ed un cinghiale, con riferimento ad una citazione da Cinico, discepolo di Diogene.

primi secoli dopo Cristo. Su tutto domina il *Sepolcro di Publicio*, alto 14,60 metri. Il museo offre un'idea di come doveva essere la vita anticamente, fornendoci esempi di vario genere, dalla vita di tutti i giorni alle funzioni religiose, dai viaggi al commercio ed al lavoro, dalla vita modesta ai lussi dei ricchi.

Particolarmente interessanti sono i prodotti dei laboratori del vetro e della ceramica di Colonia, che sono stati rinvenuti nei pressi della torre romana, sulla Gereonstrasse e ad Eigelstein. Materia prima indispensabile per ottenere prodotti d'alto livello era la sabbia, bianca e finissima, preveniente dalla zona di Frechen. Il composto, preparato secondo complicate ricette, veniva fatto sciogliere dentro un forno a legna e quindi nuovamente lavorato ad una temperatura che raggiungeva i 1200 gradi. Così nascevano gli oggetti di vetro dei quali ancora oggi ammiriamo la ricchezza dei colori e l'eleganza delle forme.

Ancora scorci ed opere dello straordinario Museo Romano Germanico di Colonia, che consente di gettare uno sguardo approfondito e assai affascinante sulla città di epoca romana e sui suoi splendori.

Si noti in particolare, a destra, uno splendido esempio di cammeo ancora di epoca romana.

La spettacolare ricostruzione di un grande ambiente che in antico era consueto incontrare nelle lussuose ville romane. Il vasto mosaico, originale, restituisce l'immagine di quella che dovette essere la pavimentazione della sontuosa residenza romana tornata alla luce accanto al Duomo di Colonia, mentre alle pareti, ancora con l'ausilio di reperti originali, si è tentata una felice ricostruzione di quella che ne fu la decorazione, sullo sfondo di un suggestivo rosso di matrice pompeiana.

L'acqua di Colonia

La più celebre delle acque profumate prende il nome dalla città di Colonia. Se le sue origini e la sua composizione sono avvolte nella leggenda, certa è invece la sua fama, giunta fino ai tempi moderni. Dal XVII secolo la mirabile essenza fu esportata in tutto il mondo, spopolò in Europa e fu amata e utilizzata da grandi personaggi e celebrità come Napoleone, Goethe, Voltaire e la regina Vittoria.

Il segreto del successo dell'acqua di Colonia è una miscela freschissima di essenze diverse: olio di neroli, bergamotto, lavanda, rosmarino e numerose altre, fino ad arrivare a trenta ingredienti differenti. Le sue origini non sono però quelle di un semplice profumo: "Aqua mirabilis" era la menzione utilizzata per questa miscela di oli eterici ed etanolo diluito, considerata medicina universale utile per curare qualsiasi problema, dal mal di gola alla gotta, alla peste. Solo più tardi essa si affermò come prodotto da toeletta. Furono le truppe francesi che chiamarono l'acqua profumata "Eau de Cologne", nome utilizzato fino al 1914, quando venne ufficializzata la dizione tedesca "Kölnisch Wasser". Oggi la denominazione "Echt Kölnisch Wasser" rappresenta un'indicazione geografica protetta.

L'attribuzione della formula dell'Eau de Cologne al suo reale inventore è controversa: furono tanti i maestri profumieri che cercarono di contraffare la formula e attribuirsi il merito di questa nuova fragranza, così fresca e soave rispetto ai pesanti profumi dell'epoca. Numerosi furono i processi contro le aziende contraffattrici: nel 1865 nella sola Colonia furono ben trentanove!

Alcune fonti attestano che il reale inventore fu l'italiano Giovanni Paolo Feminis, che alla sua morte passò la formula al suo aiutante Giovanni Maria Farina, un mercante italiano immigrato in Germania. Suo nipote, nel 1806, avrebbe fondato a Parigi la Jean-Marie Farina, in seguito ceduta alla Roger et Gallet. Giovanni Maria Farina descriveva così la sua *aqua mirabilis*: "Un mattino italiano di primavera dopo la pioggia. Ricorda le arance, i limoni, i pompelmi, i bergamotti, i cedri, i fiori e le erbe aromatiche della mia terra. Mi rinfresca e stimola sensi e fantasia".

Glockengasse 4711

Sulla Glockengasse, al numero 4711, è la sede storica della celebre acqua di Colonia 4711.
Qui da più di due secoli è la casa di Wilhelm Mülhens, che ricevette la ricetta della preziosa *aqua mirabilis* da un monaco certosino nel giorno delle sue nozze. Nel 1796 le truppe francesi che occuparono Colonia riorganizzarono l'intera numerazione delle strade, dando alla casa e all'officina il numero 4711. Dal 1875 questo divenne il marchio registrato della "Vera Acqua di Colonia". Sulla facciata sud della sede è un carillon che ogni ora si muove al suono della Marsigliese. All'interno, un grande arazzo realizzato nel 1964 ricorda il momento in cui un soldato francese attribuì alla casa il numero, divenuto poi celebre.

Il Museo del Profumo Farina

In Obenmarspforten 21, nella storica sede di Casa Farina, è allestito il Museo del Profumo Farina, che si fregia del celebre tulipano rosso fuoco, simbolo della Casa. Nel laboratorio del maestro profumiere, accompagnati dalle musiche di Carlo Farina, è possibile seguire la creazione del profumo, dalla scelta dell'essenza all'*enfleurage*, fino alla conservazione del prezioso prodotto. All'interno sono esposti i flaconi ideati per contenere la fragranza: dalle rosolie, piccole bottiglie di forma allungata sigillate con la ceralacca, alle bottiglie "a champagne", più resistenti e quindi più facilmente trasportabili.

In queste pagine, immagini relative alla celeberrima acqua di Colonia che del numero civico della sua antica sede storica di produzione ha fatto un marchio ormai inconfondibile nel mondo intero.

Il Duomo

Il Duomo, con le sue alte torri, simbolo e fulcro di Colonia, è il testimone di più di 1900 anni di storia della città. Nell'angolo a nord-est della città romana, fin dall'anno 50 si ergeva un tempietto dedicato a Mercurio Augusto, simile a quello consacrato a Roma alla Dea Fortuna. Tra questo e le mura si estendeva un terreno di proprietà della Chiesa, sul quale, quando essa nel 313 ottenne la libertà, al tempo del primo Vescovo di cui conosciamo il nome, Materno, sorgeva, secondo le fonti, un edificio ecclesiastico lungo più di 130 metri. Al battistero si accede da est, dalla parte del Reno, poi, passando in un'ala abitabile, si giunge all'atrio in cima alla scala, che contiene su tre lati il tempietto romano, e si arriva quindi nella chiesa vescovile lunga quasi 40 metri.

In alto, il "Nadelöhr", l'arco laterale della porta romana settentrionale, vicino al Duomo.

A destra, una suggestiva immagine della zona absidale del Duomo; in basso, uno scorcio degli elaborati contrafforti irti di guglie e pinnacoli.

HOTEL

Dal momento che la primitiva chiesa non bastava più, intorno al 565 il vescovo Carentius ampliò l'atrio, creando così il secondo Duomo, un edificio lungo quasi 85 metri, che venne ulteriormente ampliato e terminato dal vescovo Hildebold, amico e consigliere di Carlomagno, su modello dell'Abbazia di San Gallo.
Hildebold, quando diventò Arcivescovo e Metropolita della nuova provincia che si estendeva ormai dal Belgio ad Amburgo, portò a termine il progetto di un Duomo ancora più grande, che, cominciato nell'818, venne consacrato nell'870. Grazie ai reperti adesso a nostra disposizione, disponiamo oggi di dati sicuri circa i vari edifici preesistenti all'attuale Duomo, dal periodo romano in poi.
Preziosi manoscritti del periodo di Hildebold sono conservati attualmente nella Biblioteca del Duomo, mentre altri sono esposti nella Tesoreria. L'Arcivescovo Bruno, fratello dell'Imperatore Ottone I, al ritorno dal suo viaggio a Roma, aveva portato dei reliquiari, ma le opere di maggior spicco tra quelle che sarebbero state trasferite dal Duomo romano a quello gotico sono la *Croce di Gero*, che quest'ultimo fece scolpire dopo il suo viaggio a Bisanzio (prima del 976) ed il *Reliquiario dei Re Magi*.
L'Imperatore Federico Barbarossa, dopo la conquista di Milano, mandò al proprio Cancelliere per l'Italia, l'Arcivescovo di Colonia Rainald von Dassel, come preziosissimo bottino di guerra, le ossa dei Re Magi, che nel 1164 furono trasferite nel Duomo di Hildebold, tra il giubilo della folla. Colonia diventò così uno dei più importanti luoghi di pellegrinaggio del mondo cristiano. Il più noto orafo del tempo, Nicolas de Verdun, nel 1181 cominciò a lavorare al *Reliquiario dei Re Magi* che, una volta finito, nel 1230, doveva essere un'opera di pregio senza pari al mondo.
Più tardi, nel 1248, il Capitolo del Duomo decise di costruire la Cattedrale gotica, al centro della quale si sarebbe dovuto collocare il *Reliquiario*. Nel 1288 i consiglieri comunali fecero inserire le tre corone dei Magi nello stemma della città, dove sono rimaste an-

In alto, un'immagine della statua della Vergine Maria con il Bambino che sembra accogliere i fedeli dall'alto della porta principale del Duomo, sacro tramite fra Vecchio e Nuovo Testamento.

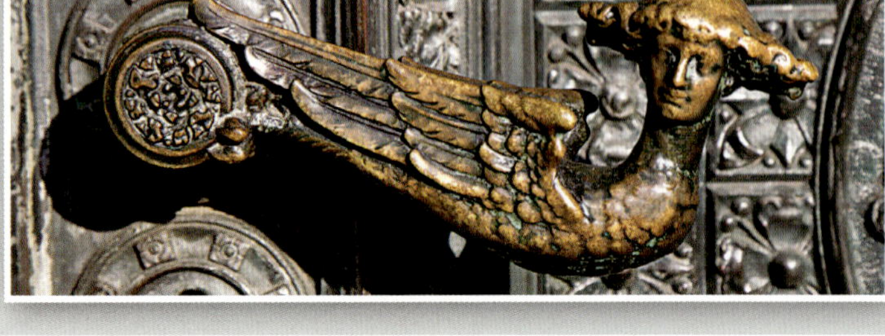

A destra, un elegante e originalissimo elemento decorativo dei portali del Duomo.

A sinistra, la facciata principale del Duomo di Colonia; in basso, un particolare della sua porta centrale; in alto, il portale meridionale, all'estremità sud del transetto.

cora oggi. Negli anni 1961-1973 il *Reliquiario* venne restaurato a seguito dei danni ricevuti nel corso dei suoi ottocento anni di storia e riportato all'antico splendore dagli orafi Fritz Zegruber e Peter Bolg.

La parte figurata del *Reliquiario dei Re Magi* costituisce una vera e propria *summa* teologica. I riquadri laterali della fascia inferiore simboleggiano, nella rappresentazione dei Profeti che circondano i Re David e Salomone, la rivelazione di Dio fatta al popolo ebreo. La parte frontale, lavorata in oro puro, è composta dalla figura centrale di Cristo, seduto in grembo alla Madonna, e dai Re Magi in adorazione che portano i loro doni. Essi rappresentano il mondo pagano che, guidato dalla stella, trova la via che conduce a Gesù. Dio si è sempre manifestato all'uomo non soltanto a mezzo della sua parola, ma anche tramite i fenomeni naturali. Nella zona superiore del *Reliquiario* appare Cristo Pantocratore circondato dai dodici Apostoli che, alla fine di tutti i tempi, giudicheranno e salveranno i popoli con la loro parola ed il loro insegnamento. Nella parte posteriore sono rappresentate la Passione e la Trasfigurazione di Cristo.

Una delle più notevoli testimonianze all'interno del Duomo di Colonia è la *Croce di Gero*, che ricorda l'arcivescovo di Colonia, recatosi nel 971, per volere dell'imperatore Ottone I, a Bisanzio con l'incarico di chiedere la mano della principessa Teofane per Ottone II Si tratta del più antico e più grande crocifisso esistente nel mondo occidentale, già vanto anche del Duomo romanico di Hildebold.

Il *coro* ligneo del Duomo, con i suoi 104 stalli, fu terminato intorno al 1330 ed è riccamente intagliato

In alto, il monumentale crocifisso ligneo donato intorno al 970 dall'Arcivescovo Gero.

A sinistra, lo sfolgorante e preziosissimo *Reliquiario dei Re Magi* (1180-1230).

A destra, una veduta dello slanciato e aereo interno della Cattedrale di Colonia, una delle più alte al mondo.

In questa pagina, due immagini della cosiddetta "Vetrata della Pentecoste", realizzata alla metà dell'Ottocento.
La scena centrale rappresenta la discesa dello Spirito Santo nel giorno di Pentecoste (qui a sinistra), consuetamente considerato come il giorno di nascita della Chiesa. Questo spiega la presenza della scena posta al culmine della vetrata, in cui Pietro è raffigurato mentre riceve le chiavi del Regno dei Cieli (in basso).

con scene raffiguranti episodi di vita quotidiana, che ben rispecchiano i vari stati dell'animo umano. Papa Giovanni Paolo II, in occasione della sua visita del 15 novembre 1980, vi si sedette ricordando che sia il Papa che l'Imperatore un tempo erano canonici del Duomo di Colonia.
Ancora oggi le *vetrate* policrome conferiscono agli spazi interni del Duomo un aspetto inconfondibile. Le vetrate della navata centrale e delle cappelle radiali sono considerate esemplari per ampiezza, ricchezza e perfezione, nell'ambito della pittura vetraria in Germania. Ad esse contrapposte sono le cinque grandi vetrate in stile gotico fiorito della navata laterale a nord, ritenute uno dei capolavori dell'arte vetraria medioevale.
Nel XIX secolo il Duomo si arricchì di importanti opere d'arte provenienti da chiese secolarizzate. Alcune delle vetrate distrutte del Duomo sono state ricostruite utilizzando le vetrate di queste chiese, salvate grazie all'intervento del canonico Ferdinand Wallraf. Nel suo volume *Le vetrate medioevali del Duomo di Colonia* Herbert Rode afferma che il patrimonio delle vetrate, costituito da oltre 4100 elementi (con figure, architetture e ornamenti), rispecchia stilisticamente l'evoluzione dell'arte vetraria a Colonia nel periodo che va dal 1260 al 1562.
Di particolare importanza sono le due cosiddette *Vetrate della Bibbia*. La più antica, che risente ancora dello stile romanico, fu creata prima del 1260. Divisa in due parti, illustra in dieci riquadri il Nuovo ed il Vecchio Testamento, cominciando dalla creazione di Eva fino all'Ascensione di Cristo. Le immagini con Maria, che ha donato al mondo il Salvatore, e con Cristo Pantocratore sono contraddistinte da una decorazione simboleggiante i segni della regalità. La seconda vetrata della Bibbia, analoga alla precedente, fu donata prima del 1280

da Alberto Magno e dall'Arcivescovo Siegfried von Westerburg alla chiesa domenicana che sorgeva nel luogo dell'attuale sede della Posta Centrale. Fu F. Wallraf che, dopo la demolizione della chiesa, nel 1804, salvò la vetrata e la fece trasferire nel Duomo nel 1823. Oggi è collocata nella Cappella di Santo Stefano, dietro l'Altare dei Patroni della Città, di Stephan Lochner.

Quello che più colpisce chi entra nel Duomo è la sua straordinaria altezza. La lunghezza esterna dell'edificio è di 144,58 metri, la torre è alta 157,38 metri; la navata centrale è lunga 119 metri e ha un'altezza di 43,35 metri. Le finestre della navata centrale, con 48 immagini di re, sono alte 17 metri, quelle delle navate laterali 19,80 metri. Una galleria a trifore che corre lungo tutto l'interno della chiesa costituisce un elemento unificante ed armonioso. L'insieme delle vetrate (una superficie complessiva di 10.000 m^2, 1500 dei quali raffiguranti episodi del Vangelo) conferisce all'edificio leggerezza e luminosità.

Nella zona inferiore dell'abside spicca il *Gruppo degli Apostoli* (alto 5 metri), i cui baldacchini sono coronati da angeli musicanti.

Insieme alle *Vetrate della Bibbia* anche altri capolavori dei secoli precedenti vennero conservati nel Duomo a partire dalla Rivoluzione Francese e qui tuttora si trovano ormai definitivamente. Tra questi rivestono particolare importanza l'altare del convento delle Clarisse, presso la torre romana, e l'Altare dei Patroni della Città, un'opera di Stephan Lochner, proveniente dalla Cappella del Municipio.

Il *Klarenaltar* si articola su tre diversi livelli, che illustrano le varie fasi della Salvazione: nel registro delle feste solenni sono raffigurati su uno sfondo dorato i dodici Apostoli, ed in basso dodici vergini; il secondo, usato nelle domeniche e nelle altre festività, descrive l'Annunciazione

Donata da re Ludwig I nel 1847 e installata sul lato sud del Duomo l'anno successivo, in concomitanza con le celebrazioni del sesto centenario di inizio dei lavori di costruzione della Cattedrale, questa grande vetrata è dedicata al Compianto su Cristo morto, con in alto una rappresentazione anche dell'Ultima Cena.

e la vita di Gesù, fino alla Passione e all'ascesa in cielo; il terzo rappresenta santi e sante che hanno condotto una vita esemplare con spirito di francescana devozione. L'altare, che risale al 1350-1400, è stato nuovamente riportato nel Duomo dopo un'opera di restauro durata quasi trent'anni.

L'*Altare dei Re Magi*, i "Patroni della Città", creato da Stephan Lochner negli anni 1442-1445, oggi viene chiamato semplicemente "Immagine del Duomo". Al centro di esso i tre Magi riccamente vestiti, circondati dal loro seguito, offrono i doni al Signore che è in grembo a Maria; sui lati San Gereone e Sant'Ursula, insieme al loro seguito dai colori sgargianti, rendono omaggio al Signore. Sul retro è raffigurata l'Annunciazione. Insieme ad altre opere importanti del Duomo, l'altare è una testimonianza della produzione artistica a carattere religioso di quel secolo nella zona renano-olandese.

Il nome dell'autore di quest'opera ci è pervenuto tramite Albrecht Dürer, che nel suo diario narra di una propria visita a Colonia, durante la quale si sarebbe fatto mostrare il dipinto per ben due volte dal custode. A

La tredicesima (in alto) e la quattordicesima sono invece veri e propri gruppi scultorei di dimensioni che superano la grandezza naturale. Tutte furono realizzate alla fine del XIX secolo da Wilhelm Mengelberg.

La Via Crucis del Duomo di Colonia è scandita dalle consuete 14 stazioni, identificate da immagini devozionali. Di queste 12 sono state realizzate ad altorilievo dipinto (in alto e a destra).

quell'epoca esso si trovava ancora nella Cappella del Municipio, per la quale era stato originariamente commissionato. Soltanto dopo la distruzione della Cappella, l'opera fu trasferita nel Duomo. Stephan Lochner (c. 1400-1451) ci ha lasciato il suo autoritratto nella figura centrale dell'anta di San Gereone. L'esile mano destra dell'artista contrasta con l'impugnatura della doppia spada; la mano sinistra stringe il braccio di un allievo, tradendo un moto di profonda commozione al cospetto dell'omaggio dei Re Magi.
L'attuale Duomo gotico, cominciato il 15 agosto 1248 dall'Arcivescovo Konrad von Hochstaden (1238-1261), è il quinto edificio eretto in questo luogo. Il 27 settembre 1322 l'Arcivescovo Heinrich von Virneburg, in occasione di un Concilio provinciale, consacrò solennemente il coro est, del quale si sono conservate alcune parti fra cui l'altare e gli scanni. Una parete con una vetrata separava il coro gotico dalla parte ancora esistente del vecchio Duomo, dove i lavori dovevano proseguire fino al 1560. Ai lavori di ampliamento presero parte alcuni membri della famiglia Parler, parenti di Peter Parler, a cui si deve il Duomo di Praga.
Nel 1395 venne portato a termine il primo piano della torre sud. Le figure sul portale sono state sostituite da copie, mentre gli originali, per il momento, sono stati messi al sicuro nel Museo Diocesano (Kolumba). La parte tra la torre sud e la parete divisoria venne utilizzata fin dal 1388 come cappella dell'Università, aperta proprio in quegli anni. Nel 1507-1508 vennero installate le cinque splendide vetrate nella parete nord.
Soltanto nel 1842 l'Arcivescovo Cardinale von Geissel ed il re di Prussia Federico Guglielmo IV posarono la prima pietra dei lavori di ampliamento del Duomo, per i quali Georg Forster (1790), Friedrich von Schlegel (1804), Joseph Görres (1814) e molti altri si erano entusiasmati, ed ai quali Sulpiz Boisserée aveva lavorato instancabilmente. Il 15 ottobre 1880, alla presenza dell'Imperatore Guglielmo I, venne posta l'ultima pietra della torre sud: il Duomo era finalmente terminato dopo 632 anni di lavoro.
Ma fu necessario rimettersi al lavoro per la terza volta: già nel 1904 i danni causati dagli agenti atmosferici erano piuttosto ingenti. Per il restauro l'incaricato dei lavori al Duomo, Hertel (1903-1927), insediò un nuovo cantiere.
Durante la Seconda Guerra Mondiale il Duomo venne colpito gravemente da 14 bombe aeree. Dieci volte della navata superiore e quattro della navata laterale crollarono. Al capo dei lavori Weyre (1944-1972) toccò l'arduo compito di

In alto, il trittico noto come "Immagine del Duomo", dipinto intorno al 1442 da Stephan Lochner, che costituisce l'esempio più significativo della scuola di pittura tardo-gotica di Colonia. Le ali della pala sono chiuse durante l'Avvento e la Quaresima.

In basso, il *Klarenaltar*, l'"Altare delle Clarisse", assai originale con i suoi tre diversi livelli.

Nella cella campanaria del Duomo di Colonia rintoccano ben 12 campane, ciascuna con un proprio suono peculiare.

In basso, la cosiddetta "Campana di San Pietro".

rendere utilizzabile almeno il coro del Duomo, prima del 15 agosto 1948, giorno della festa per il settecentesimo anniversario della sua fondazione.
Nel 1956 la parte occidentale fu nuovamente pronta per celebrarvi la messa. Ma i lavori continuarono ancora a lungo, diretti da A. Wolff, il quale insieme a 60 operai lottò continuamente anche contro i danni causati dagli agenti atmosferici e dall'inquinamento. E la lotta prosegue ancora oggi che la Cattedrale di Colonia dal 1996 è stata inserita nell'elenco dei Patrimoni dell'Umanità dell'UNESCO. Gli abitanti di Colonia, per parte loro, si sono rassegnati: non a caso un detto popolare afferma che "Quando il Duomo sarà finito ci sarà la fine del mondo".

A destra, ancora un singolare dettaglio della Cattedrale di Colonia.

In basso, il Ponte di Hohenzollern che pare protendersi verso il Duomo e la Città Vecchia valicando il Reno.

Sotto il pastorale: le dodici chiese romaniche

I tre secoli durante i quali gli Arcivescovi erano anche capi della città costituiscono uno dei periodi di maggior prosperità della storia di Colonia, che cominciò con Bruno, il fratello minore dell'Imperatore Ottone I.

Nell'881 i Normanni avevano saccheggiato e dato fuoco alla città, che aveva già perso importanza durante i tumulti, le migrazioni e le lotte tra le famiglie dei Franchi. Ma a Colonia non giunsero soltanto le navi normanne: anche dall'Ungheria arrivò la veloce cavalleria del Danubio, che irruppe più volte nel Paese, fino a quando Ottone I giunse ad una tregua mediante il pagamento di un tributo ed ebbe quindi la possibilità di addestrare un potente esercito a cavallo che, nel 955, sconfisse gli Ungari nella battaglia sul Lechfeld, rendendo così possibile un periodo di pacifica ricostruzione.

Per porre fine alle controversie tra le famiglie ducali l'Imperatore Ottone I si appoggiò ai Vescovi ed al loro potere temporale. E fu così che il suo fedele fratello minore Bruno (953-965) diventò Granduca di Lorena ed Arcivescovo di Colonia. In dodici anni di governo illuminato egli riportò la città a nuovo fulgore, incluse l'isola renana nelle mura romane, ampliando l'area recintata da 100 a 125 ettari e dando così una maggiore sicurezza soprattutto ai commercianti. Spiritualmente egli apparteneva alla corrente dell'Ordine benedettino che faceva capo all'Abbazia di Gorze, che egli chiamò poi St. Pantaleon e che successivamente diventò una roccaforte dell'arte e della scienza: in essa oggi si trova la sua tomba. Al suo nome sono rimasti legati anche gli importanti Monasteri di St. Andreas, St. Aposteln, Gross St. Martin e St. Maria im Kapitol.

L'apice del periodo di sviluppo cominciato con Bruno fu raggiunto nel Duecento. Ad allora risalgono, infatti, le chiese romaniche che ancora oggi, per la loro eccezionalità, costituiscono la ricchezza e l'orgoglio di Colonia. Durante l'ultimo conflitto esse subirono gravi danni: alla loro ricostruzione hanno contribuito energicamente non soltanto la Chiesa, la città e tutto il Paese, ma anche l'"Associazione a favore della Ricostruzione delle Chiese Romaniche", sostenuta da membri di tutti i ceti, che ha risvegliato l'attenzione generale soprattutto nei confronti di dodici chiese di quel

Un ridente angolo di Colonia, su cui svetta imponente l'inconfondibile torre della Chiesa di Gross St. Martin.

periodo: St. Andreas, St. Aposteln, St. Cäcilien, St. Georg, St. Gereon, Gross St. Martin, St. Kunibert, St. Maria im Kapitol, St. Maria Lyskirchen, St. Pantaleon, St. Severin e St. Ursula. Queste dodici chiese ci ricordano le diciannove imponenti chiese e i monasteri che intorno al Duecento caratterizzarono la vita e l'aspetto della città.

Il XIII secolo vide lo splendore e la potenza degli Hohenstaufen, ma anche il loro declino. Nella misura in cui Federico II (1212-1250) concentrò i propri obiettivi in Italia, in Sicilia e nel Mediterraneo, il potere imperiale in Germania decadde. Borghesia ed economia finanziaria si rafforzarono. Coloro che detenevano il potere spirituale e temporale furono privati dei propri privilegi; si giunse all'autogoverno, alla sovranità militare. Anche a Colonia i cittadini sconfissero, nella battaglia presso Worringen, del 1288, l'Ar-

Immagini dalla Chiesa di Sant'Andrea: a sinistra, lo *Scrigno dei Maccabei*, creato tra il 1520 e il 1527 da Peter Hanemann per custodire i teschi dei fratelli Maccabei, martiri ebraici del II secolo a.C.; in basso a sinistra, la tavola d'altare della Confraternita del Rosario, nota anche come "Madonna col mantello", opera del Maestro di St. Severin databile al 1510 circa; in basso, una delle antiche pitture murali.

civescovo, che da allora in poi poté entrare nella città soltanto con il permesso del Consiglio. La sua carica di Vescovo e di Principe Elettore, che, secondo quanto stabilito dalla Bolla d'Oro del 1356, aveva il diritto di eleggere il sovrano, rimase inviolata nel corso del conflitto cittadino. Quando, il 22 giugno 1967, gli abitanti di Colonia nominarono il loro amato Cardinale Frings cittadino onorario, questa disputa, da molto tempo dimenticata, venne composta anche formalmente.

La **Chiesa di St. Andreas**, costruita dall'Arcivescovo Bruno, sorge quasi davanti alle torri del Duomo. Nell'edificio attuale la navata tardoromanica (del 1220 circa) ed il coro tardogotico (del 1420 circa) formano un insieme armonico, caratterizzato da un'evidente elevazione. La cripta, interrata all'inizio del XV secolo, venne portata nuovamente allo scoperto nel 1953 ed oggi contiene il sarcofago di Alberto Magno. Al di sotto di preziosi arredi di vari secoli, appeso sulla destra della cappella laterale, si può ammirare il *Quadro del Rosario*, dipinto dal Maestro di St. Severin nel 1510, che ricorda la fondazione (nel 1474) dell'Illustrissima Confraternita del Santo Rosario, della quale era membro anche l'Imperatore Federico III, che nel 1475 si trovava qui, in occasione della sua proclamazione di Colonia città libera dell'Impero.

La **Chiesa di St. Aposteln** a Neumarkt è un capolavoro dell'architettura romanica in Renania e domina la città, dalla parte del mercato, come una corona. Venne costruita intorno al IX secolo, mentre il coro trilobato venne aggiunto nel 1192.

St. Heribert, sull'altra sponda del Reno, a Colonia-Deutz, non fa parte delle dodici chiese romaniche suddette; è, però, una prova dell'amicizia profonda che legava l'Arcivescovo di Colonia e l'Imperatore Ottone III negli anni 999-1021: l'Imperatore aveva infatti promesso all'Arcivescovo, in punto di morte, che avrebbe fondato un monastero, l'attuale St. Heribert.

Il *reliquiario* del santo è arrivato fino a noi: l'opera, del 1170 circa, è un esempio della ricchezza delle opere degli orafi di Colonia al tempo di Federico I Barbarossa, della famiglia degli Hohenstaufen. Il reliquiario (lungo 153 cm, largo 42 cm ed alto 68 cm) è in argento e in lamine di rame dorate e smaltate, impreziosi-

In alto, un'antica immagine che rappresenta la Chiesa di Santa Cecilia accanto a quella più grande dedicata a San Pietro.

In basso, un'altra delle pregevoli opere d'arte che si possono ammirare nella Chiesa dei Santi Apostoli: un espressivo San Michele Arcangelo.

Chiesa dei Santi Apostoli: in alto, la splendida pala d'altare neo-gotica del 1910 in cui è collocata una scultura della Madonna col Bambino cinquecentesca.

Nell'antica Santa Cecilia, con il supporto di nuovi edifici annessi e di allestimenti affascinanti, è oggi ospitata, nel Museum Schnütgen, una delle più importanti collezioni di arte medievale d'Europa. Accanto, in quanto sopravvive dell'antica Chiesa e Monastero di San Pietro, ha sede un importante centro d'arte, la Kunst Station St. Peter.

In basso, uno dei preziosi soffitti affrescati (XIII secolo) di Santa Maria Lyskirchen, la più piccola delle dodici chiese romaniche di Colonia.

to da filigrane e pietre: sulla parte anteriore è raffigurata la Madre di Dio, seduta sul trono con accanto due angeli; nel lato posteriore si trova St. Heribert, con a fianco le figure allegoriche dell'Umiltà e della Carità. Sulle parti laterali una decorazione a smalto raffigura gli Apostoli circondati dai Profeti e recanti dei libri aperti con incisi i versi del Credo. Anche le superfici superiore ed inferiore sono divise in sei parti: ciascuno dei grandi medaglioni di smalto racconta una scena della vita del santo.

La **Chiesa di St. Cäcilien** ricorda un importante collegio femminile dove, per tradizione, l'Arcivescovo era solito celebrare la seconda messa di Natale. Nella chiesa attuale, che risale agli anni 1150-1170, è conservata la preziosa collezione del **Museo Schnütgen**. È l'unica delle antiche collegiate che, accanto ad una parrocchia (St. Peter), sia sopravvissuta alla secolarizzazione del 1803. Essa venne utilizzata come cappella

Preziose opere d'arte in St. Maria im Kapitol: in alto, la cosiddetta "Madonna di Limburg" (XIII secolo); in basso, un particolare dei battenti intagliati della porta; a destra, l'imponente "lettorio", originale tramezzo fra navata e abside su cui troneggia il moderno organo a canne.

dell'Ospedale Civile, che venne distrutto durante la Seconda Guerra Mondiale.

St. Maria im Kapitol venne costruita dove prima sorgeva il tempio capitolino romano, alla fine del VII secolo, da Plectrude, moglie di Pipino di Heristal. L'Arcivescovo Annone consacrò l'edificio attuale nel 1065. Dopo i restauri, a seguito dei danni subiti nell'ultima guerra, il Cardinale Hoffner poté nuovamente celebrarvi la Santa Messa nel Natale del 1984, continuando così l'antica tradizione secondo la quale l'Arcivescovo di Colonia celebrava in questa chiesa la messa di mezzanotte ogni Natale. Degni di grande interesse i battenti della porta, risalenti al 1050, che illustrano in 26 altorilievi la vita del Signore, a cominciare dall'Annunciazione per finire con la discesa dello Spirito Santo. In questa porta di legno si ritrova lo stile dei rilievi d'avorio di quel periodo.

St. Georg, che venne eretta su muri maestri romani, è l'unica basilica a colonne preromanica che sia rimasta in Renania; fu fondata nel 1059 dall'Arcivescovo Annone. Unico nel suo genere è anche il massiccio edificio ad ovest della chiesa, che all'esterno appare come

un inarticolato blocco cubico, ma che, all'interno, con i tre timpani degli archi e la divisione in due piani, rivela un'inaspettata leggerezza. Risale al 1188.

St. Maria Lyskirchen, del X secolo, si trova fuori delle vecchie mura, nel quartiere del porto, ed ancora oggi si affaccia sul porto sul Reno. L'attuale edificio in stile romanico fu costruito intorno al 1220. Nonostante alcune modifiche apportate nei secoli successivi, sono rimasti inalterati gli antichi affreschi del soffitto che, dopo il 1934, sono stati riportati all'originario splendore. Nel 1947 vennero riparati anche i danni, per fortuna non troppo gravi, riportati nell'ultima guerra. Sul soffitto e sulle pareti si può così ammirare una delle serie più vaste di affreschi di artisti renani del XIII secolo.

St. Severin, insieme al Duomo, a St. Gereon e a St. Ursula, è una delle chiese più antiche di Colonia. La sua storia comincia nel IV secolo. La parte orientale della cripta ed il coro romanico, molto articolato, furono ultimati prima del 1237. Una testimonianza dell'arredo originario della chiesa è costituita dall'immagine in smalto del santo, attualmente custodita nel Museo Diocesano (Kolumba), che si trovava nel suo reliquiario dell'XI secolo, purtroppo distrutto durante la Rivoluzione Francese.

A St. Severin sono strettamente collegati i grandi maestri della pittura su tavola del XV secolo, come il Maestro di Santa Veronica e quello di St. Severin, alcune opere dei quali sono tuttora in questa chiesa.

Anche le **fortificazioni** sono testimonianza del grande passato di Colonia. Già l'Arcivescovo Bruno aveva ampliato la città romana creando la zona residenziale dei commercianti, situata verso la riva del Reno. Nel 1106 i cittadini, forti della loro sovranità militare, accrebbero la superficie del suolo cittadino, che da 125 divenne di 217 ettari. Il terzo ampliamento fu realizzato a partire dal 1180, con l'inglobamento di St. Severin, St. Pantaleon, St. Mauritius e St. Gereon. L'area della città venne protetta da 12 porte e da 52 torri incorporate nelle mura, di cui si conservano ancora la Porta di Severin, la Hahnentor e la Eigelsteintorburg.

St. Pantaleon è una delle poche chiese del periodo degli Ottoni, risalente, cioè, alla seconda metà del X secolo. L'imponente edificio è espressione della grandezza imperiale e dell'alto livello raggiunto dall'arte tedesca e straniera. Esso ci riporta al tempo degli Imperatori Sassoni e ci ricorda l'Imperatrice

In alto, la torre della Chiesa di St. Severin.

A sinistra, la Porta di Severin, una delle 12 porte incorporate nella cinta muraria dopo il terzo ampliamento della città.

A destra, il lato ovest della Chiesa di St. Pantaleon, molto antica risalendo al periodo degli Ottoni.

In alto, l'abside orientale di St. Gereon (XII secolo); in basso, la cupola decagonale (1219-1227) con il grande organo e un'immagine del suggestivo catino absidale.

Teofane, che qui volle essere sepolta come l'Arcivescovo Bruno. Nel periodo romanico presso St. Pantaleon si trovava un importante laboratorio di arte orafa e di miniatura.

St. Gereon è la più grande chiesa del periodo romanico. Fu eretta sulle vestigia di una costruzione a pianta decagonale, di epoca romana, riccamente ornata di magnifici mosaici e dedicata ai cosiddetti "martiti della legione di Tebe", comandata da St. Gereon, che intorno al 300 subì il martirio con i compagni e divenne in seguito patrono della città. Gregorio di Tours dice nei suoi scritti che i corpi dei martiri sarebbero stati gettati in un pozzo che fino ad oggi non è stato ritrovato. È nel 612 che compare ufficialmente il nome di "Basilica S. Gereonis Martyris". I Merovingi la scelsero come chiesa per incoronazioni e manifestazioni commemorative e qui furono sepolti i vescovi Hildebert (morto nel 762) e Hildebold (morto nell'818). Già nell'840 si fa menzione della canonica che esisterà fino al 1802. Al restauro della chiesa, dopo la Seconda Guerra Mondiale, hanno partecipato noti artisti; ma è solo nel 1984 che essa è stata completamente restituita alla funzione religiosa.

Le vetrate, opera di Georg Meistermann e Wilhelm Buschulte, e i mosaici del pavimento dell'XI secolo, incastonati nella cripta (fatta aggiungere dall'Arcivescovo Annone alla parte centrale del coro), sottolinea-

no, insieme a numerose altre opere antiche e moderne, l'importanza che questa chiesa con la sua struttura decagonale, alta 48 metri, riveste, tanto da poterla paragonare alla Hagia Sophia di Istanbul o al Duomo di Firenze. L'aspetto attuale di questa chiesa, che è la più importante di Colonia dopo il Duomo, risale agli anni 1219-1227.
St. Ursula e le sue vergini, insieme a San Gereon ed ai Re Magi, fanno parte dei patroni della città. Secondo la leggenda, Ursula, di ritorno insieme alle compagne da un pellegrinaggio a Roma, fu martirizzata dagli Unni, che allora assediavano Colonia. La venerazione della santa si diffuse in tutto l'Occidente.
La **Chiesa di St. Ursula**, secondo quanto hanno confermato gli scavi, risale circa al 400. L'attuale matroneo romanico venne costruito nel XII secolo ed è il primo esempio del suo genere nel Basso Reno. Le undici fiamme nello stemma della città stanno a simboleggiare Sant'Ursula e le vergini.
Risale al 1149 il più antico sigillo pervenutoci della città di Colonia con l'iscrizione: "Santa Colonia, per grazia di Dio figlia fedele della Chiesa romana". In base a questo gli abitanti di Colonia fecero approvare i propri diritti: nel 1106 essi ottennero il diritto di fortificazione e di sovranità militare, che portò al secondo ampliamento della città e, a partire dal 1180, al terzo ingrandimento, che fece di Colonia la città più grande e più popolosa della Germania. Testimonianza di questa grandezza sono le porte, i resti delle mura ed il palazzo della potente famiglia degli Overstolzen, sulla Rheingasse.
St. Kunibert, l'ultima delle grandi chiese romaniche di Colonia, venne consacrata nel 1247, un anno prima della posa della prima pietra del Duomo. Elementi gotici prevalgono sulla struttura massiccia dell'edificio e gli conferiscono un carattere solenne e luminoso. La chiesa, che risale al VII secolo, era dedicata in origine a San Clemente, nome che le rimase fino al 663, anno in cui vi venne sepolto il Vescovo Kunibert. Nel 687 vi furono sepolti anche i due missionari anglosassoni di nome Ewald, il cui reliquiario fu restaurato nel XIX secolo. Nel 1215, sotto il coro est verso il Reno, vennero costruite la

In questa pagina, immagini di St. Ursula, dove, nel coro, si conservano, oltre ad altri preziosi reliquiari, anche i celebri busti reliquari della santa.

cripta ed una fonte, tenuta in particolare considerazione dalla tradizione popolare, secondo la quale i bambini di Colonia vengono dalla "Fontanella di Kunibert".
Tra gli arredi vi sono molti oggetti preziosi, come, ad esempio, le tovaglie di lino del reliquiario dedicato ai due missionari Ewald, del IX secolo, ed il reliquiario del 1220, che si trovano nella Tesoreria della chiesa. Le vetrate del coro e del transetto, risalenti al 1230, sono fra le opere di maggior spicco della pittura vetraria romanica in Germania.
La **Chiesa di Gross St. Martin**, per la sua torre imponente, rappresenta un simbolo di Colonia. Distrutta durante la guerra, dovette essere ricostruita quasi interamente; il complesso e radicale restauro dei suoi interni poté dirsi completato solo nel 1985. Il coro trilobato, che

dà sul Reno, è una delle opere più insigni dell'architettura romanica. Quando il Reno è in piena ci si ricorda che la chiesa in realtà sorge sull'isola che, al tempo dell'Arcivescovo Bruno, venne collegata alla riva del fiume e racchiusa dentro la cinta muraria. Adesso si trova al centro della città vecchia, che nel dopoguerra venne trasformata in area ricreativa per gli abitanti della città e per i turisti. Anche questa chiesa testimonia l'elevato livello raggiunto dall'architettura locale nel periodo che va dal 1150 al 1250.

L'allora sovrintendente ai monumenti della città di Colonia, Hiltrud Kier, scrive nell'introduzione al suo grande volume illustrato sulle chiese romaniche della città (Colonia, 1985): "Colonia è l'unica città al mondo che conserva nel centro storico dodici grandi chiese romaniche. Nel Medioevo era la più importante città della Germania e la terza al mondo per grandezza, dopo Roma e Costantinopoli. I ricchi mercanti di Colonia promuovevano l'abbellimento architettonico della loro città, dove le mura difensive, le case turrite sedi di traffici mercantili, il municipio e soprattutto le chiese creavano un incomparabile panorama per chi osservava dal Reno. Sicuramente tutti i mercanti che giungevano dall'estero dovevano rimanere colpiti da questa visione indimenticabile, simbolo della potenza economica di Colonia. L'ingente numero di reliquie di santi venerate nelle chiese romaniche, che attiravano una moltitudine di credenti in pellegrinaggio, si arricchì di importantissimi pezzi, nel 1164, con l'acquisto delle reliquie dei Re Magi per il Duomo, inteso come centro monumentale della corona di chiese che cinge la città".

Pagina a sinistra, lo splendido interno di St. Kunibert.

In questa pagina, l'abside e l'inconfondibile e maestosa torre di Gross St. Martin, che con la sua mole imponente svetta alle spalle di tipiche casette dalle ridenti facciate sulle sponde del Reno. Scavi archeologici condotti negli anni sessanta del Novecento, quando la chiesa doveva ancora essere restaurata dopo le distruzioni belliche, hanno riportato alla luce interessanti resti di un antico edificio preesistente, databile al I secolo (a sinistra).

Heinzelmännchenbrunnen
La fontana degli Heinzelmännchen

A pochi passi dal Duomo c'è una curiosa fontana che si ricollega ad un'antica leggenda legata alla città. Quando Colonia non era che un piccolo villaggio, le notti venivano animate da operosi *Heinzelmännchen*, folletti tuttofare che si dedicavano alle faccende della cittadina: chi puliva e sgrassava, chi impastava e infornava il pane, chi si dedicava ai lavori domestici. Finita la loro opera, sparivano. Gli abitanti di Colonia a quei tempi oziavano tutto il giorno, perché al loro risveglio trovavano ogni attività misteriosamente completata. Questo idillio cessò una sera, quando la moglie del sarto, non resistendo alla curiosità, volle a tutti i costi scoprire chi portasse a termine i lavori. Durante la notte sparse una manciata di piselli secchi sulle scale, in modo da far cadere per terra l'ignoto visitatore. Gli gnomi, colti in flagrante, si indignarono a tal punto da non farsi mai più vedere in città. Da quel giorno gli oziosi abitanti di Colonia dovettero svolgere da sé tutti i loro compiti. Questa leggenda, trascritta da un insegnante nel 1826, ispirò il pittore e poeta August Kopisch, che nel 1836 ne trasse una poesia.

La graziosa e famosissima "Fontana dei Folletti", quasi un simbolo di Colonia, e certamente l'immagine più bella di una delle sue più amate leggende.

Gli gnomi di Colonia

Com'era comoda un tempo la vita
a Colonia con gli gnomi!
Se eri pigro… ti stendevi
su una panchina a riposare.
Venivano di notte,
in un baleno,
questi ometti, come uno sciame,
sbattendo con chiasso,
strappando e tirando,
saltando e trotterellando,
pulivano e sgrassavano,
e prima che il pigrone si svegliasse,
il suo lavoro quotidiano era… già fatto!

I carpentieri si stendevano
sui legni e si stiravano.
Nel frattempo veniva lo stuolo degli gnomi
a vedere ciò che c'era da fare.
Prendevano scalpello e ascia
e, svelti, anche la sega,
e segavano e foravano,
battevano e rompevano,
arricciavano e mozzavano,
misurando con occhi di falco
e mettendo le travi…
E prima che il carpentiere se ne accorgesse…
Toh, tutta la casa… era già pronta!

Anche il fornaio era servito.
Gli gnomi facevano il pane.
I garzoni pigri si sdraiavano,
e gli gnomi si mettevano in azione,
portavano, gemendo,
i sacchi pesanti!
Impastavano con lena
e pesavano con esattezza,
e issavano,
e pigiavano,
e spazzavano e infornavano,
e battevano e tritavano.
I garzoni russavano ancora in coro:
ed ecco… il pane fresco usciva già dal forno!

Dal macellaio vi era lo stesso daffare:
Garzoni e ragazzoni riposavano.
Nel frattempo venivano gli gnomi
e tagliavano il maiale in lungo e in largo.
Così alla svelta
come il mulino al vento!
Sbattevano le asce
e steccavano le salsicce.
Lavavano senza sosta,
e mescolavano e mischiavano
e riempivano e strofinavano.
Quando il garzone apriva gli occhi…
Le salsicce erano bell'appese nella bottega!

Alla mescita la storia andava così:
il bottaio beveva
fino a che non cascava per terra.
Lì, accanto alla botte vuota si addormentava.
Gli gnomi si occupavano del vino.
Solfavano
tutti i tini,
rotolandoli e alzandoli,
con argani e ceppi,
e sciacquando e calando,
e versando e annacquando,
e mescolando e intrugliando.
E il bottaio non era ancora sveglio,
che il vino era già migliorato e raffinato!

Una volta il sarto era in grande difficoltà
perché la giubba di gala doveva essere pronta;
ma egli buttò la roba in un angolo
e si mise a dormire saporitamente.
Ed ecco, gli gnomi si infilavano allegramente
sul tavolo del sarto.
Tagliavano e pigiavano
e cucivano e ricamavano
e orlavano
e aggiustavano
e lisciavano e guardavano
e tiravano e spostavano.
E prima ancora che il sartino si svegliasse
la giubba del sindaco… era già pronta!

La moglie del sarto era curiosa
E trastullandosi, la notte seguente,
sparge piselli sulla scala.
Gli gnomi vengono quatti quatti,
uno scivola in casa
e cade per terra.
Gli altri scivolano dagli scalini
con tonfo nella tinozza,
cadono con rumore,
facendo un chiasso,
urlando e
imprecando!
Lei, sentendo il rumore, salta su
e fa luce: e in un batter d'occhio!…
spariscono tutti!

Ahimè! Se ne sono andati tutti,
e nessuno è rimasto qui.
Non si può più riposare come prima,
ora ognuno deve lavorare!
Ognuno deve adoperarsi di nuovo,
e raschiare e grattare,
e correre e trotterellare,
e agghindare
e piegare
e battere e tritare
e cucinare e infornare.
Oh, se tornassero come allora!
Ma questo tempo di bengodi non tornerà mai più!

Colonia fino alla Guerra dei Trent'Anni

Già al tempo in cui gli Arcivescovi erano capi della città, Colonia aveva il diritto di scarico sulle merci trasportate sul Reno. L'Arcivescovo Konrad von Hochstaden, nel 1259, lo aveva garantito ai suoi "fedeli" concittadini su loro "richiesta". Grazie a questo diritto Colonia diventò un importante centro politico-economico del commercio mondiale, in particolar modo con l'Olanda e l'Inghilterra, come ebbe modo di dimostrare in occasione delle fiere internazionali, primaverili ed autunnali, che si aprivano e si concludevano al suono delle campane di Gross St. Martin.
Nel 1367 Colonia raggiunse il culmine della sua potenza commerciale: il 19 novembre di quell'anno, infatti, i rappresentanti delle città anseatiche, riuniti nel Municipio della città, posero fine alla guerra contro il re danese Waldemar IV Atterdag ed ottennero la libertà di commercio nel Mar Baltico. In memoria di quell'avvenimento la sala del Municipio dove fu firmato l'accordo porta ancora oggi il nome di "Sala anseatica", anche se, a onor del vero, Colonia non aveva partecipato alla battaglia.
Il XIII e il XIV secolo non portarono solo le già citate lotte tra cittadini e Arcivescovi, ma anche quelle tra le antiche famiglie e le corporazioni che andavano acquistando potere. Nel 1396 scoppiò una guerra aperta, che finì con la conquista dello statuto civile, rimasto in vigore per 400 anni fino alla Rivoluzione Francese. Testimonianza di questa vittoria è la torre del Municipio, alta 61 metri, eretta tra il 1407 ed il 1414 a spese delle famiglie dei commercianti.
Anche la Cappella del Municipio, che venne costruita nel 1426 nell'angolo sud-occidentale dell'edificio, ottenne una certa celebrità, poiché per essa negli anni 1442-1445 Stephan Lochner dipinse il quadro raffigurante i patroni della città: *I Re Magi con San Gereon e Sant'Ursula*. Questo quadro, messo in salvo nel 1800 da Franz Ferdinand Wallraf e donato al Duomo nel 1810, è conosciuto in tutto il mondo come "Quadro o Immagine del Duomo".
Anche altre famose opere sacre del periodo che va dal XIV al XVI secolo si trovano oggi nelle chiese di Colonia. Tra gli artisti del periodo vanno ricordati Maestro Wilhelm, il più vecchio maestro genealogista e autore del dipinto della Veroni-

Joos van Cleve, *La morte della Vergine*, prima metà del XVI secolo, Wallraf-Richartz-Museum.

Maestro tedesco attivo a Colonia tra il 1410 e il 1440, *Trittico*, databile tra il 1410 e il 1440, Wallraf-Richartz-Museum.

ca, e il Maestro di San Severino, al quale dobbiamo anche il primo quadro della Confraternita del Santo Rosario per la chiesa domenicana, attualmente conservato nella Chiesa di Sant'Andrea. Una serie di dipinti ancora più significativi di quel periodo si trova nel Museo Wallraf-Richartz, che porta il nome di colui che, grazie al proprio amore per l'arte, salvò molte opere prima della Rivoluzione Francese. Neanche lui, però, poté impedire che una parte ancora più consistente del patrimonio artistico sacro di Colonia venisse distrutta dopo l'occupazione francese e la secolarizzazione del 1803, o che venisse dispersa in tutto il mondo.

Tra gli edifici di quel periodo vediamo ancora oggi il **Gürzenich**, il palazzo delle feste costruito negli anni 1437-1447, una serie di tipiche case borghesi, e il **Deposito sul Reno** degli anni 1558-1568. Quasi tutti questi monumenti caddero vittima dei bombardamenti dell'ultima guerra, ma oggi sono stati restituiti alla bellezza di un tempo e ci danno un'idea della potenza e del fasto di Colonia.

Il 1475 è un anno decisivo nella storia della città. L'Imperatore Federico III, sempre ben disposto nei suoi confronti, conferì a Colonia il diritto di "città libera dell'Impero", il 19 settembre. Con ciò fu suggellata definitivamente l'indipendenza dai Principi Elettori, che i cittadini di Colonia avevano conquistato nel 1288, nella battaglia di Worringen. Era il periodo del primo Rinascimento, durante il quale le famiglie borghesi cercavano di dimostrare la loro importanza attraverso i propri palazzi. Anche se la maggior parte di essi cadde vittima delle bombe dell'ultimo conflitto, alcuni sono stati ricostruiti ed oggi ne possiamo ammirare la bellezza. L'individualismo era l'elemento trainante di quel periodo.

Tra i ritratti di Barthel Bruyn il Vecchio (1493-1556) incontriamo importanti commercianti, sindaci e dotti, che rappresentano lo spirito e la vita di quei decenni. Da ricordare è anche l'arte della stampa, che dal 1466 in poi giocò un ruolo importante a Colonia. Anton Woensam ci ha tramandato un'immagine della grandezza e della bellezza di Colonia in quel periodo nella sua famosa incisione del 1531, che è intitolata *O Felix Agrippina Nobilis Romanorum Colonia* (Fortunata Agrippina, nobile colonia romana). Vi è raffigurata tutta la parte della città sul Reno, dalla Bayenturm alle fortificazioni vicino a St. Kunibert. Il Duomo sovrasta la città; sopra il secondo piano della torre sud è raffigurata la gru che sarebbe rimasta simbolo di Colonia fino al 1868, quando cominciò l'ultima fase dei lavori al Duomo.

Troppo spesso la storia ci viene tramandata soltanto come un insieme di date di stragi, di guerre e di catastrofi; alcuni eventi di questo genere non sono mancati neppure nel passato di Colonia. L'eccidio di Worringen, del 1288, quando gli abitanti di Colonia cacciarono dalla città l'Arcivescovo, fu preceduto da una serie di lotte interne, che non si attenuarono neanche in seguito. La torre del Municipio, alla cui costruzione le famiglie dei potenti furono condannate dagli

artigiani, è una testimonianza duratura delle lotte fra le due classi.
Non mancarono neanche calamità ed epidemie, come ad esempio l'epidemia di peste che scoppiò nel 1349 e che ebbe conseguenze molto gravi. Anche nell'anno in cui morì Stephan Lochner, il 1451, imperversava la peste. Le persecuzioni e la cacciata degli ebrei nel 1424 ci danno un'idea della reazione superstiziosa che molti ebbero in quel periodo. Dove adesso si trova la Cappella del Municipio, per la quale Stephan Lochner dipinse il quadro dei Re Magi, sorgeva da 300 anni la Sinagoga, che venne poi distrutta: il bagno rituale (il "Mikvéh") fu scoperto grazie alle distruzioni della guerra.
Abbiamo delle notizie anche a proposito dell'insurrezione dei tessitori nel 1370. La tristezza di quel periodo ci viene rivelata anche dalle opere d'arte dell'epoca, soprattutto dal *Crocifisso della peste*, che veniva adorato fin dal 1304 a St. Maria im Kapitol. Gli uomini cercarono e trovarono conforto nella fede: nel *Crocifisso* videro raffigurata la sofferenza del Signore e il dolore della Madre e ne capirono il significato spirituale.
Di un mondo più sereno ci raccontano invece le scene dipinte da Stephan Lochner nelle quali gli angeli suonano ed esultano mentre attorniano la *Madonna del Roseto*, o ascendono al Cielo (nel quadro del *Giudizio Universale*). Albrecht Dürer, con il suo quadro dove sono raffigurati un tamburino e un suonatore di flauto che fanno propa-

In alto, Albrecht Dürer, *Pifferaio e suonatore di tamburo*, 1504 ca., Wallraf-Richartz-Museum.
In basso, Canaletto, *Veduta del Canal Grande*, 1735 ca., Wallraf-Richartz-Museum.

ganda per la guerra, ci ha dato un esempio opposto a quello offerto dal maestro di Colonia, che rappresenta un invito alla pace.
Nei periodi di bisogno gli Ordini di frati questuanti, in modo particolare i Francescani, i Domenicani ed altri, dettero un esempio luminoso con il voto di povertà e con le loro prediche furono d'aiuto a molte persone. La **Minoritenkirche**, terminata nel 1260 ed ammirata da molti visitatori perché conserva le tombe di Duns Scotus (morto nel 1308) e di Adolf Kolping (morto nel 1865), è caratteristica di quel periodo per la sua semplicità.
Verso la fine del periodo gotico, Colonia fu un vero centro di produzione artistica. Sono circa 350 i dipinti di quest'epoca giunti fino a noi. L'entità di tale patrimonio è dovuta sia al fatto che Colonia fu ampiamente risparmiata dalle distruzioni perpetrate dalla Riforma, sia all'appassionato collezionismo di personaggi come Hüpsch, Wallraf ed i fratelli Boisserée, grazie ai quali molte opere d'arte si sono salvate. Il numero delle opere d'arte create a quell'epoca in verità era molto più elevato. Si presume che quanto ci è giunto sia soltanto il 2-3% di quello che fu prodotto. Attualmente buona parte delle opere prodotte in questi secoli sono conservate nel **Museo Wallraf-Richartz**, una delle pinacoteche più importanti della Germania, creato nel 1824 e quindi ospitato da un edificio sorto proprio sul luogo di un antico monastero di frati minori (sostituito oggi da una sede ben più moderna). La chiesa fu ricostruita dopo i gravi danni subiti durante la guerra ed è oggi l'unica chiesa francescana di Colonia. Nel 1229 i frati seguaci di San Francesco avevano infatti fondato vicino a St. Severin un primo convento. Nel 1244 trasferirono il convento nell'antica parrocchia di Kolumba ed iniziarono la costruzione della chiesa, il cui coro fu consacrato nel 1260. Le slanciate volte a nervature rivelano i nuovi concetti dell'architettura gotica. Le pareti si alleggeriscono grazie alle vetrate preziosamente traforate. La semplicità dell'esterno e la sobrietà dell'interno dell'edificio, senza transetto e privo di qualsiasi decorazione, sono espressione dell'ideale di povertà e della dedi-

Artista italiano attivo a Lucca intorno al 1260, *Madonna in trono con Bambino*, 1260 ca., Wallraf-Richartz-Museum.

In basso, Vincent van Gogh, *Le pont-levis* (*Il ponte levatoio*), 1888, Wallraf-Richartz-Museum.

zione totale dei frati francescani. Il ripristino della chiesa, dopo la Seconda Guerra Mondiale (durante la quale un incendio aveva fatto crollare le volte), fu terminato nel 1958. Niente fu salvato dell'antica decorazione interna. Le vetrate realizzate da Kaldenhoff nel 1963, armonizzano con la scarsa cromaticità dell'ambiente. La *Pala di Alsfeld* (c. 1480), con i suoi magnifici colori, invita alla preghiera e alla meditazione. Molti vengono qui da tutti i Paesi del mondo e pregano sulla tomba di Adolf Kolping, beatificato nel 1991 da Giovanni Paolo II, il quale, in un periodo in cui Marx ed Engels incitavano alla lotta di classe, si batteva, nell'ambito dell'associazione dei garzoni, per una riforma corporativa e sociale.

Una prova di quanto gli abitanti di Colonia amassero le feste è il **Palazzo Gürzenich**, il cui salone per le feste fu costruito tra il 1437 e il 1444. È il più importante edificio della città in stile gotico e ha ospitato anche Imperatori e Principi Elettori. Dal 1955 è tornato ad essere un palazzo di rappresentanza, e dopo il radicale restauro del 1997 è assai apprezzato come sede prestigiosa per eventi, convegni, balli e concerti. La sua vicinanza alle rovine della **Chiesa di St. Alban** sembra voler ricordare quanto la vita e la morte siano prossime. In mezzo

In queste pagine, suggestive immagini dello "Stadtmuseum Kölnisches", il Museo Storico della Città di Colonia, ospitato nell'ex arsenale cittadino, secentesco. Esso offre un'approfondita panoramica sulla storia politica, economica e culturale di Colonia, dal Medioevo ai giorni nostri.

ai pilastri e agli archi rimasti in piedi nella Chiesa di St. Alban dopo le distruzioni belliche (solo la facciata sulla via è stata recentemente restaurata), le figure piangenti dei genitori in lutto di Käthe Kollwitz fanno ripensare ai morti in guerra, all'estero ed in patria, ed esortano con insistenza alla pace.

Un altro luogo commemorativo, lontano solo poche centinaia di metri, nei pressi del Teatro dell'Opera, si trovava tra le rovine dell'antica **Chiesa di St. Kolumba**. Tra il 1457 ed il 1533 l'edificio romanico venne ampliato secondo lo stile gotico. La statua raffigurante Maria è rimasta in piedi nonostante la guerra; questo fatto è stato considerato un miracolo dagli abitanti di Colonia, che hanno chiamato la statua "Madonna tra le macerie". Nel 1950 Gottfried Böhm, figlio del grande costruttore di chiese Dominikus, costruì un piccolo edificio, a pianta centrale, di forma poligonale, che divenne

uno dei luoghi di preghiera prediletti dagli abitanti di Colonia. Fra il 2003 e il 2007 su questo luogo, inglobandone i resti con suggestiva maestria, si è costruito un edificio che oggi ospita il **Kolumba**, nuovo museo di arte sacra erede dello storico Museo Diocesano.

Tra gli edifici civili di Colonia l'antico **Municipio** occupa indubbiamente un posto centrale per storia e posizione. Costruito sopra il Palazzo Pretorio romano, alcuni resti del quale si trovano nei sotterranei, racchiude in sé la storia della città, a cominciare dal 1130, quando era una "casa civile" nel quartiere ebreo, o dopo il 1367, quando nella cosiddetta "Sala anseatica" si dipinsero i nove Eroi Buoni e gli otto Profeti (opera del 1410). Il vestibolo rinascimentale, rimasto intatto dagli anni 1569-1573, con il rilievo raffigurante Sansone, Daniele e il Borgomastro Grin in lotta con il leone (si tratta di un buffo episodio della storia della città), fa riflettere sui violenti contrasti che a quel tempo travagliavano Colonia.

I tumulti spirituali degli inizi dell'età moderna, intorno al 1500, si fecero sentire anche a Colonia, che tuttavia rimase fedele all'antica tradizione: si aprì all'Umanesimo ma non si dimenticò degli ideali del

passato. È significativo il fatto che la pianta della città realizzata da Mercator nel 1571 riportasse in margine anche i reperti romani. L'atrio del Municipio (1567-1571), la costruzione dello scalo sul Reno (1558-1568) e l'arsenale (1596-1602) testimoniano il fervore edilizio del ceto borghese in questo periodo.

La Riforma non si affermò a Colonia: i tentativi riformistici degli Arcivescovi Hermann von Wied (nel 1547) e Gebhard Truchsess von Waldburg (nel 1582) fallirono, la città rimase fedele all'antica confessione ed entrambi dovettero dimettersi. Dal 1584 si stabilirono a Colonia i Nunzi Papali; nel 1583 diventò Arcivescovo di Colonia Ernst von Bayer, il primo dei cinque Wittelsbach. Ciononostante, il legame con i Paesi Bassi di fede protestante era molto stretto: Rubens visse alcuni anni a Colonia e la Chiesa di St. Laurenz, vicino al Municipio, fu un tempo un collegio olandese.

In basso, l'elegante e storico Municipio di Colonia, introdotto dalla raffinata loggia rinascimentale.

A destra, il maestoso muro di bronzo realizzato nel 2007 da Ernst Wille accanto al Municipio, intorno a cui ormai si affollano letteralmente innumerevoli moderne aggiunte, fra cui anche imponenti edifici.

Il Rinascimento e il Barocco

Fu l'Arcivescovo von Bayer che dette inizio ai rapporti con i maestri del Rinascimento e del Barocco della Germania del sud. Grandi edifici residenziali si trovano a Brühl e a Bonn. A Colonia, invece, accanto ai monasteri, rimangono soltanto opere d'arredamento, suppellettili di altari e paramenti, tra cui una serie di vesti sacerdotali, ora nella Cappella Clementina del Duomo, che l'Arcivescovo e Principe Elettore Clemente Augusto I fece fare nel 1742 a Lione appositamente per l'incoronazione a Imperatore del fratello Carlo VII a Francoforte. Merita di essere menzionato anche l'ostensorio d'oro del 1657, che venne rubato nel Duomo, la notte fra il 1° e il 2 novembre 1975, durante un temporale; opera di Christian Schweling il Vecchio, l'ostensorio era un dono dell'Arcivescovo Maximilian Heinrich. L'opera più importante di questo periodo è il *Reliquiario di Engelbert* per il Duomo, che Konrad Duisberg completò nel 1633; i personaggi che vi sono raffigurati sono opera di Jeremias Geisselbrunn. Gli artisti di quel periodo provenivano per lo più dall'Olanda e dalla Germania del sud, come l'autore del progetto per la costruzione della Maria Himmelfahrtskirche (1618-1627), Christoph Wamser, che era di Aschaffenburg. Altre chiese da ricordare sono quella di St. Maria vom Frieden, nella Schnurgasse (ai cui padri carmelitani la regina di Francia Maria de' Medici, esiliata a Colonia, donò un'immagine miracolosa), la Chiesa di St. Maria nella Kupfergasse (1705-1715) e St. Ursula (1706-1712). Da ricordare, anche, la Elendskirche, costruita negli anni 1765-1778 su progetto di Balthasar Spaeth, della famiglia di Groote. La chiesa fu distrutta durante la terribile notte del 29 luglio 1943, ma fu in seguito ricostruita.

Il 6 ottobre 1794 le prime truppe rivoluzionarie francesi fecero il loro ingresso in città attraverso la Hahnentor: la libertà della "città libera dell'Impero" volgeva alla fine. La **Chiesa di St. Maria Himmelfahrt**, con l'annesso monastero dei Gesuiti, che erano arrivati a Colonia nel 1544, venne dichiarata "Dekadentempel" ed una donna di malaffare venne posta sull'altar maggiore nei panni della dea della Ragione. I nuovi propagatori di idee rivoluzionarie dettero inizio alla battaglia contro cristiani, chiese, preti e monasteri. I cittadini, però, grazie ad una strenua

Veduta delle inconfondibili case dell'Alter Markt, fronteggiate dal monumento eretto nel 1884 a Jan von Werth, condottiero mercenario della Guerra dei Trent'Anni.

resistenza, ottennero formalmente da Parigi la libertà di culto. Nel 1796 ebbe fine il culto della dea Ragione e la St. Maria Himmelfahrtskirche venne assegnata alla Scuola Centrale, che la affittò al miglior offerente, il commerciante Lorenz Fürth, il quale, con l'aiuto di alcuni amici, la ottenne per 300 talleri all'anno. Il 9 novembre 1799 Napoleone, con il suo colpo di stato, pose praticamente fine alla Rivoluzione. Egli aveva capito che un solido ordine nella Chiesa era una condizione necessaria per l'attuazione di un sistema veramente nuovo; dichiarò così concluso il Concordato tra Santa Sede e Governo francese. Grazie a questo fu nuovamente consentito celebrare la messa e Lorenz Fürth poté mettere di nuovo a disposizione la chiesa per il suo uso originario. Alcuni uomini coraggiosi fecero come lui, salvando così da sicura distruzione molte opere di gran valore culturale; molti altri, invece, colsero l'occasione per arricchirsi. Circa 150 chiese e monasteri di Colonia, i cui nomi sono oggi ricordati da vie e piazze, vennero così distrutti. Inoltre, la garanzia della libertà di culto non era bastata ad impedire che tutti i beni della Chiesa venissero dichiarati proprietà dello Stato e, a partire dal 1797, sistematicamente secolarizzati. Per prima cosa le autorità comunali avevano venduto, il 2 novembre 1797, il patrimonio artistico della chiesa gesuita. Molti monasteri erano stati trasformati in caserme, i preziosi patrimoni di biblioteche ed archivi trasferiti a Parigi, altri ancora a Bruxelles. Il *Reliquiario dei Re Magi*, che era stato messo in salvo nel 1794 nel Monastero di Weddinghausen, presso Arnsberg, venne riportato a Colonia nel 1803, anche se gravemente danneggiato.

Nel 1815, dopo il Congresso di Vienna, Colonia passò alla Prussia: il periodo francese si concludeva dopo 21 anni e a ricordarlo sono rimaste alcune parole di origine francese nel dialetto di Colonia. Anche il nome del celebre profumo "4711" risale a quel periodo: nel 1795 la città era stata divisa in quattro distretti e le case contraddistinte da una numerazione progressiva; così la casa sulla Glockengasse, più tardi sede della famiglia Mühlens, ebbe il numero 4711 e l'acqua di Colonia che vi si fabbricava diventò famosa in tutto il mondo grazie a questo numero.

Con la sua politica rigorosamente neutrale, Colonia era riuscita a tenersi fuori dalle guerre del XVI, XVII e XVIII secolo, ma aveva perduto importanza ed influenza rispetto alle città del sud della Germania, che nel frattempo si erano sviluppate. Anche l'espulsione dei ricchi e potenti Geusen, nel 1575, pochi anni dopo la fondazione della Borsa di Colonia, aveva influito sfavorevolmente. Gli Arcivescovi, in qualità di Principi Elettori, avevano stabilito la propria residenza a Brühl e a Bonn; conseguenza di questo fatto fu che essi fin dal 1288 non poterono più entrare in città senza l'autorizzazione del Con-

Pagina a sinistra, in alto, l'interno di St. Maria Himmelfahrt (1618-1627), austero e solenne; in basso, il Museo del Profumo, ospitato nella Farina-Haus, di fronte al Municipio, la più antica fabbrica di profumo del mondo dove, trecento anni fa, ebbe inizio, grazie a Giovanni Maria Farina, la gloriosa storia dell'acqua di Colonia.

In questa pagina, a destra, il celebre *Kallendresser*, curiosa statua che troneggia dall'alto di una casa sul Mercato Vecchio e sul cui significato molte sono state nel tempo le interpretazioni; in basso, una foto storica della caratteristica "Zur Brezel", una delle abitazioni rinascimentali più imponenti nell'Alter Markt.

siglio. D'altra parte lo sviluppo borghese della città fu possibile soltanto a queste condizioni. Nacquero così le biblioteche e le raccolte di opere d'arte, alcune delle quali, però, dovettero poi esser vendute ai più grossi collezionisti inglesi ed olandesi, per poter far fronte a spese più urgenti in campo architettonico. Della cerchia borghese basta un nome per tutti: Everhard Jabach, nato nel 1618, oggi ricordato dalla strada presso St. Peter e St. Cäcilien, il cui consistente patrimonio di opere d'arte è conservato al Louvre di Parigi.

Quali esempi di abitazioni civili dell'epoca rinascimentale possiamo segnalare le case dell'Alter Markt chiamate "Zur Brezel" e "Zum Dorn", che con i loro cinque piani dimostrano l'alta disponibilità economica raggiunta all'epoca. Nella casa attigua, al numero 24, il *Kallendresser*, la piccola figura in bronzo di Mataré, vuol essere una presa di giro dell'insostenibile situazione igienica di quei decenni.

L'unico edificio importante che venne costruito a Colonia durante la Guerra dei Trent'Anni è dunque la Chiesa di St. Maria Himmelfahrt, eretta tra il 1618 ed il 1627, unico grande esempio di edificio sacro in stile barocco a Colonia. Distrutta durante l'ultimo conflitto, è stata ricostruita e riportata all'antico splendore insieme al suo monastero.

Il Museo Ludwig

Nel 1976 i coniugi Irene e Peter Ludwig decisero di donare al Comune di Colonia una collezione di circa 350 opere d'arte contemporanea. Per contratto, il Comune si preoccupò di far costruire il museo che avrebbe ospitato l'importante e preziosa collezione, affidando il progetto allo studio degli architetti Busmann & Habener. Inaugurata nel 1986, la sinuosa struttura di 10.000 m^2, rivestita di zinco e mattoni, suscitò numerose proteste per il forte contrasto che creava rispetto all'adiacente Duomo.
Il progetto originario prevedeva di ospitare sia la collezione Ludwig che il Museo Wallraf-Richartz, ma nel 2001 quest'ultimo, ribattezzato Wallraf-Richartz-Museum & Fondation Corboud, fu spostato in un nuovo edificio. Lo stesso progetto venne modificato per permettere una fruizione meno complessa delle diverse sezioni. Due grandi scalinate permettono di passare immediatamente da una collezione all'altra: dal grande atrio, una introduce ai tre piani delle sale espositive permanenti, mentre l'altra porta alle mostre temporanee.
Nella collezione Ludwig sono rappresentate le più importanti correnti dell'arte moderna. Essa

Il Museo Ludwig, a breve distanza dal Duomo, ospitato in un modernissimo edificio (in basso a sinistra, l'ingresso sud), vanta una collezione ricchissima di capolavori di Pop-Art, Astrattismo e Surrealismo, oltre ad una delle più grandi collezioni mondiali di Picasso (in alto, il suo *Nu couché à l'oiseau*, del 1968).

vanta la più ampia collezione di Avanguardia russa in Occidente, con oltre seicento opere risalenti al periodo 1905-1935 (di artisti quali Natalia Goncharova, Michael Larionov, Alexandra Exter, Liubov Popova, 62 opere di Casimir Malevich, Alexandr Rodchenko). I massimi esempi di Neoprimitivismo, Cubo-Futurismo, Costruttivismo e delle varie correnti del periodo sono ampiamente presenti nella superba esposizione, con opere che esprimono l'energia dei giovani artisti, ispirati ai contemporanei europei, e la forte carica del clima prerivoluzionario in Russia. Ancora qui è esposta la più ricca collezione di Pop-Art americana al di fuori degli Stati Uniti, con opere, donate dai Ludwig, di Jasper

Johns, Robert Rauschenberg, Andy Warhol, Roy Lichtenstein, James Rosenquist, Claes Oldenburg, George Segal, Tom Wesselmann – solo per citarne alcuni –, e pregevoli esempi di pittura astratta americana, con Mark Rothko, Ellsworth Kelly, Morris Louis e Frank Stella. Negli anni sessanta la Pop-Art portò l'arte nel quotidiano, trasformando oggetti di uso comune in opere d'arte, esprimendo concetti di protesta e di avversione al consumismo, alla massificazione culturale, con una terminologia e una simbologia rubate alla pubblicità e ai mass media. Qui sono esposte le icone della Pop-Art americana, *M-Maybe* di Roy Lichtenstein, *Brillo*

In alto, uno scorcio del moderno allestimento interno del Museo Ludwig, con, a destra, un'originale scultura iperrealista, *Senza titolo* di John De Andrea.

Boxes di Andy Warhol e *Restaurant Window* di George Segal.
Nel 1994 e nel 2001 i coniugi Ludwig decisero di donare al museo la loro collezione Picasso: attualmente il museo possiede la terza più grande collezione al mondo, con 900 opere comprendenti pittura, scultura e ceramica, relative in particolare agli ultimi decenni di produzione dell'artista. L'imponente *Arlequin, les mains croisées* ("Arlecchino con le mani incrociate"), del 1923, ripropone la tematica del circo cara all'artista. Nel *Nu couché à l'oiseau*, del 1968, l'artista ritrae la seconda moglie Jacqueline Rocque, distesa nuda con una colomba in mano, in una straordinaria prospettiva che la vede simultaneamente di fronte, di lato e di spalle.

Nel 1946 l'avvocato Josef Haubrich donò numerosi capolavori di Erich Heckel, Karl Schmidt-Rottluff, August Macke, Otto Müller, Otto Dix, Ernst Ludwig Kirchner e Marc Chagall. Successivamente sono state acquisite opere di Willi Baumeister, Max Beckmann, Alexej von Jawlensky, Paul Klee, Oskar Kokoschka, Henri Matisse e Ernst Wilhelm Nay.
Il museo ospita anche un'importantissima sezione dedicata alla fotografia e una notevole collezione di grafica e video arte.

Ancora opere di arte moderna al Museo Ludwig: si noti in particolare, in alto, la celebre *Black Nana*, di Niki de Saint Phalle (1968-1969).

Dal Congresso di Vienna ai giorni nostri

Sotto l'influsso della rigidità prussiana, non era tuttavia cambiato il modo di vita renano. Nei decenni successivi al 1815 si assistè ad uno sviluppo economico frenetico, che cambiò anche il volto della città. La cinta muraria si era conservata intatta fino al 1881, anche dopo, quindi, che il Duomo era stato ultimato (1880). Soltanto nel 1881 fu aperta la prima breccia. Nel 1822 la popolazione era di 56.000 abitanti, nel 1888 aumentò di colpo, finché nel 1975, dopo la riforma comunale, oltrepassò il milione di persone. Oggi è difficile immaginare che le mura davanti al Reno siano state aperte soltanto nel 1891. La riva destra del Reno era collegata alla città da un ponte presso Mülheim e da un ponte ferroviario presso il Duomo, chiamato "trappola per topi". Tra il 1907 ed il 1911 venne costruito il Ponte Hohenzollern, che è diviso in due parti, una per la ferrovia e una per le auto. Nel 1906 fu costruito con grosse difficoltà anche il ponte a sud.

L'aspetto della città dopo la Prima Guerra Mondiale è legato strettamente al nome del sindaco Konrad Adenauer. In quel periodo venne costruito il nuovo ponte presso Mülheim, che era allora il più lungo d'Europa. Adenauer acquistò

Immagini della moderna Colonia, con il centro storico dominato dalla mole del Duomo, la stazione, il Ponte Hohenzollern sul placido corso del Reno e, qui sopra, il Museo Romano Germanico.

il terreno che si estendeva per 30 chilometri all'esterno delle mura e la cinta di giardino ad esse interna, lunga 7 chilometri. Oggi questi giardini fanno parte integrante della città; al centro di essi si trova lo stadio, costruito tra il 1921 ed il 1923, rimodernato negli anni 1973-1975, totalmente rinnovato nel 2004 ed attorniato da altri edifici sportivi.

Il 90% degli edifici della città furono distrutti durante la Seconda Guerra Mondiale. La popolazione era scesa a 40.000 unità. Ma subito dopo ci fu la ripresa: il primo segnale della volontà di risollevarsi fu dato dalla festa del Duomo nel 1948. Nel 1949 gli abitanti di Colonia ebbero il coraggio di ripristinare un'antica tradizione, risalente al 1823, quella della *sfilata di Carnevale*. Quando i carri passarono davanti al Gürzenich, il salone delle feste in rovina, il principe scese dal carro, prese in mano una pala e dimostrò che sgomberare e ricostruire la città era un compito di tutti i cittadini.

La "Rassegna nazionale del giardino", che si tenne nel 1957, fece vedere ai visitatori venuti da lontano che Colonia, pur nella tutela dei propri edifici e spazi tradizionali, era diventata una città moderna, nella quale, grazie agli scavi effettuati negli ultimi decenni, storia ed attualità potevano coesistere in un'armonia straordinaria.

Se si osserva Colonia in un'immagine del 1850, vista dal Reno, si può credere di trovarsi in pieno Medioevo: le mura, le navi, gli uomini, tutto fa pensare che la nostra epoca sia lontanissima. Un legame con il tardo XIX secolo è costituito dalle numerose fontane romantiche di Albermann e di altri, come quella davanti a St. Georg, del 1894, quella di Werth sullo Alter Markt, del 1884, e quella chiamata "degli Gnomi" che si trova vicino al Duomo e che con tutte le altre costruite fino ad oggi dimostra il piacere che gli abitanti di Colonia trovano nel gioco e nella serenità interiore. Vale inoltre la pena di ricordare la "Fontana di Petrus" dietro il Duomo, la fontana romana che gorgoglia lungo la strada dell'Arsenale, e la piccola "Fontana del Piccione", di Mataré, nella quale si riflettono le torri del Duomo.

A Colonia, per trovare storia e presente nelle opere d'arte basta camminare per le strade e guardarsi intorno. Le grandi distruzioni dell'ultima guerra e le successive ricostruzioni portarono alla scoperta di numerose testimonianze del passato, che vennero lasciate a fianco degli edifici moderni ed adesso sono proprio lungo i lati delle strade. Certamente i musei, con i loro preziosi tesori, tutti classificati con ordine, giocano un ruolo importante per conoscere Colonia e per imparare ad amarla.

Al lato sud del Duomo si trova il **Museo Romano Germanico**, che ci conduce attraverso la più antica storia della città, eretto nel luogo dove si scoprì, nel 1941, durante

la costruzione di un bunker antiaereo, il cosiddetto *Mosaico di Dioniso*, appartenente ad una villa romana. La casa vicina, situata in Piazza Roncalli al n. 2, ha ospitato a lungo il **Museo Diocesano** (dal 2007 inglobato dal **Kolumba**), dove si conservano opere d'arte appartenenti soprattutto al Duomo, dal *Crocifisso* di Heriman alla *Madonna della mammola* di Stephan Lochner.
La sede del Pretorio Romano, rinvenuta sotto il Municipio, rappresenta poi il punto di partenza per la conoscenza della Colonia romana.
Poco distante si incontrano il **Museo Ludwig**, con il suo inconfondibile edificio appositamente costruito tra il Duomo ed il Reno, e, proseguendo fin oltre il Municipio, il **Museo Wallraf-Richartz**, con le ricche collezioni esposte nella moderna sede inaugurata nel 2001.
Gli appassionati di arte esotica troveranno interessanti reperti, comprendenti un arco di duemila anni, nel **Museo di Arte dell'Asia Orientale**, all'Aachener Weiher, e nel **Museo Rautenstrauch Joest,** dalle ricchissime collezioni di straordinario valore etnologico. Un cenno particolare merita anche il vicino **Museo Schnütgen**, all'interno della romanica Cäcilienkirche: qui sono state raccolte da Alexander Schnütgen (1843-1918), capitolare del Duomo e appassionato cultore d'arte, circa 1800 opere provenienti da chiese cittadine ormai secolarizzate. Nel 1906 la collezione fu donata alla città di Colonia.
Il vecchio **Teatro dell'Opera** venne distrutto completamente durante la guerra. Quello nuovo, secondo il progetto di ristrutturazione della città, venne costruito sull'asse nord-sud, insieme alla Offenbachplatz, vicino ai grandi complessi della Radio della Germania Ovest, che costituirono un punto chiave del nuovo assetto urbano. L'insolito e complesso edificio, che fu portato a termine nel 1957 da Wilhelm Riphahn, venne chiamato con i più svariati nomi (fra i quali quello di Ghandi) dagli abitanti di Colonia sempre pronti a scherzare. In forme molto più semplici e poco appariscenti venne invece realizzato il vicino **Teatro di Prosa**, costruito negli anni 1960-1962. Il lato nord della piazza è ingentilito da una fontana, fiori e le panchine da cui si possono ammirare le torri del Duomo.
Gli otto ponti sul Reno confermano ancor oggi la fama che Colonia, fin dai tempi della Lega Anseatica, si è creata grazie alla sua importanza come nodo di traffico e come centro commerciale. Colonia, terzo porto interno del Paese, vanta anche il primato del movimento turistico in Germania.
Il panorama del Reno è caratterizzato dalle grandi, bianche navi passeggeri che percorrono il più bel tratto fluviale tedesco, quello tra Colonia e Magonza.
La **Borsa**, fondata a Colonia nel 1553, la quinta al mondo, è molto importante ancora oggi. Negli ultimi anni, poi, Colonia ha acquistato ancora più fama in tutto il mondo per la produzione automobilistica e per le raffinerie di petrolio. Alle circa 130.000 persone che lavorano nell'industria si aggiungono i numerosissimi impiegati del settore terziario (assicurazioni e *media* soprattutto), i quali nel loro complesso, fanno di Colonia e del suo indotto un centro con 2.500.000/3.000.000 di abitanti.
I visitatori della **Fiera** che si trova

L'interessante Wallraf-Richartz-Museum, una delle pinacoteche più importanti dell'intera Germania, si segnala anche per la sede moderna e funzionale, realizzata nel 2001 su progetto dell'architetto Oswald Mathias Ungers.

Un'immagine di Colonia adagiata lungo il corso del Reno, su cui pare ancora vigilare la prussiana Malakoffturm, con la sua torretta merlata. Sullo sfondo si riconoscono, maestosi, il profilo del Duomo e la torre della Chiesa di Gross St. Martin.

di fronte al Duomo, sulla riva destra del Reno, ricevono un'ottima impressione della città. Costruito nel 1922-1924 da H. Verbeek e da Pieper, l'edificio della Fiera, cuore di un modernissimo centro espositivo, ha ospitato da allora un gran numero di mostre, nazionali ed internazionali, e di congressi. Vi si tengono anche manifestazioni sportive. E i visitatori desiderosi di passeggiare all'aria aperta trovano ampi spazi verdi nel vicino **Parco del Reno**, dichiarato nel 2007 il più bel parco della Germania.

La passione degli abitanti di Colonia per la musica non è inferiore a quella per le arti figurative. Tra le grandi orchestre spiccano quelle del Gürzenich e dell'Opera, che contribuiscono a diffondere la fama di Colonia come città della musica. I luoghi più importanti per la cultura e lo studio della musica sono l'Università e l'Accademia della Musica. L'interesse per la musica ha ricevuto un notevole impulso grazie all'organizzazione di cori e di orchestre nelle scuole e grazie alla cura rivolta dalle parrocchie alla musica da chiesa, che a Colonia ha raggiunto un ottimo livello.

Luoghi piacevoli e molto frequentati sono anche, sulla sponda sinistra, **Flora**, il rigoglioso giardino botanico della città, e lo **Zoo**, vicini tra loro e collegati al grande Parco del Reno, sulla sponda destra del fiume, da una *teleferica* molto frequentata. Lo Zoo, con le sue costruzioni esotiche destinate ad ospitare gli animali, ricorda chiaramente lo stile del periodo in cui esse vennero impiantate, intorno al 1860. Anche nei giardini della Flora, nonostante siano stati rinnovati negli anni 1955-1956, si può ancora riconoscere lo stile originario. Un altro luogo molto frequentato è lo **stadio** con i suoi vari impianti sportivi, che si trova entro la cinta verde a Müngersdorf. Costruito nel 1923, esso è stato ampliato varie volte; nel 1973-1975 venne costruita l'arena principale, le cui tribune coperte contenevano circa 70.000 spettatori. In previsione dei Mondiali del 2006 lo stadio è stato interamente ricostruito fra il 2001 e il 2004, ha preso il nome di **RheinEnergieStadion** e ha oggi una capienza di oltre 50.000 persone.

Tra le principali aree ricreative della città va poi ricordata la verde cinta interna, dove sorge l'**Università**. Là gli abitanti di Colonia hanno costruito una collina con le

macerie degli edifici distrutti dalla guerra, per la quale hanno anche trovato il nome appropriato di "Monte Clamott". Nel giardino è stata eretta anche la torre della televisione, alta quasi 250 metri, chiamata "Colonius", dalla quale si gode una veduta panoramica della città, della zona industriale e dell'estesa zona dei giacimenti di lignite, verso ovest.

L'uomo che come nessun altro è legato alla storia di Colonia nel XX secolo, è Konrad Adenauer (1876-1967). Nato a Colonia, si laureò in legge, nel 1906 divenne assessore comunale e dal 1917 al 1933 fu sindaco della città. Grazie a lui Colonia si riprese lentamente dalla crisi della Prima Guerra Mondiale. Nel 1919 fu riedificata la vecchia Università. Con la costruzione dell'area fieristica, nel 1924, la città incrementò le sue risorse economiche e si elevò al rango europeo con la grande "Mostra Millenaria della Renania". Grazie ad Adenauer furono creati, oltre allo stadio, i cosiddetti anelli verdi, due viali di circonvallazione, uno interno ed uno esterno rispetto al centro della città, caratterizzati da una serie di attrezzature ricreative e sportive e da ampi spazi dedicati

Una veduta panoramica della Colonia moderna e operosa, con le sue industrie e i suoi verdi dintorni. Su tutto svetta l'inconfondibile Telekom-Turm, familiarmente conosciuta anche come "Colonius".

A destra, Konrad Adenauer (1876-1967), uomo politico di prima grandezza nella Germania del secondo dopoguerra, era stato in precedenza sindaco e straordinario protagonista della rinascita di Colonia dopo la Prima Guerra Mondiale.

al verde pubblico. I suoi interventi, quali l'insediamento di nuove industrie e la costruzione del porto di Niehl, miravano soprattutto al progresso economico. Le case di riposo di Riehl sono un'eloquente testimonianza dell'attenzione che egli rivolse ai problemi degli anziani e dei malati. Anche la costruzione della nuova Università fu iniziata durante il suo mandato nel 1929, e terminò nel 1934. Incorporando nel territorio comunale molti sobborghi della città, Adenauer fece di Colonia, nonostante l'inflazione e la crisi economica, una vera metropoli. Con l'avvento del Terzo Reich, nel 1933, egli fu destituito e due anni dopo espulso dalla città. Dopo la guerra riprese l'incarico di sindaco, occupandosi subito degli urgenti problemi della popolazione e di un lungimirante progetto per la ricostruzione della città, distrutta al 70%. Venne però nuovamente destituito dagli occupanti britannici nel 1945.

La vera carriera dell'ormai settantenne politico incominciò così nel 1946. Come Presidente dell'Unione Democratica Cristiana e come Presidente del Consiglio Parlamentare partecipò in maniera determinante alla stesura della Costituzione della Repubblica Federale Tedesca, di cui egli fu il primo Cancelliere, dal 1949 al 1963.

Fu profondamente legato a Colonia fino alla morte. Un corteo funebre senza precedenti scortò la sua salma dal Duomo fino alla nave che lo portò a Rhöndorf, dove fu sepolto. La strada lungo il Reno, di fronte alla Fiera, fu chiamata Konrad-Adenauer-Ufer.

Chi parla di Colonia, però, pensa subito anche al Carnevale. Infatti, i cosiddetti "giorni folli" fanno parte integrante della vita della città coinvolgendo perfino scuole, uffici ed aziende. Il Carnevale nasce da un'antica tradizione d'origine pagana, secondo la quale in alcuni giorni dell'anno si vive secondo una logica rovesciata, ognuno ha cioè il diritto di far valere, almeno una volta all'anno, la propria opinione – gli studenti agli insegnanti, l'apprendista al suo maestro, il dipendente al suo superiore: ognuno può recitare la parte che più gli piace.

Come abbiamo già detto, le due rive del Reno sono oggi collegate da otto ponti. Mentre un tempo a Colonia si diceva che dietro Deutz incominciava l'Asia, le due parti della città, di qua e di là dal fiume (che in questo punto è largo circa 400 metri), sono oggi venute a creare un unico agglomerato urbano. I ponti dipinti di verde che lo attraversano ricordano le vecchie canzoni in cui il fiume veniva cantato come "Reno verde". Fu l'Imperatore Costantino a costruire, tra la città romana e il castello di Deutz, il primo ponte, oggi non più esistente. Qualche vecchio cittadino rammenta ancora l'antico ponte di barche. Soltanto nel 1859 è stato costruito il primo ponte di pietra della città, divenuto successivamente lo **Hohenzollernbrücke** e percorso oggi da circa 1400 treni al giorno. Fino alla Prima Guerra Mondiale esistevano tre ponti stabili sul Reno. Nel 1927-1928, nel periodo di Konrad Adenauer, fu terminato il **Mülheimer Brücke**, che con i suoi 708 metri fu il più lungo ponte sospeso dell'epoca. Il **Rodenkirchener Brücke** fu costruito nel 1941. Dopo la guerra si ricostruirono tutti i ponti che

erano stati distrutti e se ne realizzarono di nuovi: il **Severinsbrücke** nel 1959, il **Merkenicher Autobahnbrücke** nel 1965 e, nel 1966, lo **Zoobrücke**. Di particolare interesse è la struttura del Severinsbrücke (lungo 691 metri), i cui cavi partono tutti da un pilone triangolare asimmetrico. Ognuno dei ponti sul Reno si distingue per una sua particolarità estetica o strutturale; vale pertanto la pena di passeggiare nei giardini del lungofiume e soprattutto nello splendido Rheinpark, vicino all'area fieristica, per poterli osservare da vicino. Eppure, nonostante i tanti ponti moderni, la gente di Colonia ricorda con una certa nostalgia i tempi del "Mülheimer Böötchen" (la barchetta di Mülheim) e attraversa ancora oggi il Reno sul piccolo "Strolch" per andare alla Fiera.

Anche le chiese moderne giocano un ruolo importante nell'ambito del rinnovamento e della ricostruzione della città. La necessità di nuove costruzioni non è stata dovuta soltanto alle distruzioni causate dalla guerra, ma anche al progressivo decentramento dell'abitato. Un'intera generazione di costruttori ed artisti importanti fu utilizzata per questo incarico. Alcuni nomi erano già noti, come quelli di Karl Band, Wilhelm Riphahn ed altri. Un esempio della moderna architettura religiosa è costituito dalla Chiesa di Santa Maria Regina a Marienburg, costruita dal celebre architetto Dominikus Böhm alla fine della sua carriera, dalla Kirche Christi Auferstehung (Resurrezione di Cristo) a Melaten, opera di suo figlio Gottfried, degli anni 1967-1970.

Dominikus Böhm è considerato uno degli esponenti d'avanguardia della nuova architettura sacra. Nel 1931 egli progettò, a Köln-Riehl, vicino allo Zoo e alla Flora, la **Chiesa di St. Engelbert**, a pianta centrale, realizzata in klinker. L'idea base era quella della chiesa intesa come tenda di Dio. Questo concetto viene ripreso dal maestro più tardi, nel 1953-1954, a Marienburg, dove realizzò, al margine del Südpark, la chiesa della propria parrocchia, **Maria Königin**. La singolare costruzione, realizzata in agglomerato di pietra pomice rivestito di mattoni, si inserisce perfettamente tra gli alberi secolari della zona. Il lato sud, costituito da un'unica parete a vetrata, è fonte di luce per l'interno. Tramite i simboli delle litanie lauretane il maestro ha voluto creare un ambiente che desse l'impressione del mantello della Regina Celeste. Le quattro colonne rosse che sostengono il tetto stanno a sottolineare il concetto della tenda di Dio. Sopra l'altare è posta una grande *statua di Maria*, del XV secolo, a cui è dedicata la chiesa. Il tabernacolo ed il fonte battesimale, realizzati con splendidi smalti, sono opera di Hanns Rheindorf. Si accede all'interno della chiesa dalla luminosa rotonda del battistero. Con questa opera tarda il grande architetto di chiese moderne Dominikus Böhm lascia una testimonianza profonda della sua fede alle future generazioni.

A portare avanti il messaggio del padre fu soprattutto il figlio Gottfried, che progettò numerose chiese, tra cui appunto la **Chiesa della Resurrezione di Cristo**, a Melaten. Costruita nel 1967-1970, è una delle più recenti chiese di Colonia e si inserisce armoniosamente nella zona di verde tra il Danteweg e la Clarenbachstraße. La massiccia costruzione in mat-

A sinistra, il moderno edificio della Lufthansa, principale compagnia aerea tedesca e solo una delle tante importanti aziende di rilevanza mondiale che hanno scelto Colonia come propria sede.

A destra, fra i personaggi più eminenti e popolari della Colonia del XX secolo spicca senza dubbio il Cardinale Josef Frings, creato arcivescovo della città il 1° maggio 1942 e che tanto si prodigò per far fronte alle devastazioni inflitte a Colonia dalla Seconda Guerra Mondiale. Morto il 17 dicembre 1978 all'età di 91 anni, venne sepolto nella cripta arcivescovile della Cattedrale di Colonia.

toni, con una sobria decorazione interna, colpisce soprattutto per il suo slancio verticale. Le finestre policrome ed asimmetriche e la croce, che invita i fedeli ad alzare lo sguardo, ricordano che tramite la Resurrezione di Gesù tutti gli uomini sono chiamati ad una vita nell'amore di Dio.

Non bisogna dimenticare neppure il nome dell'architetto e moderno ricostruttore del Duomo W. Weyres e dei suoi successori per la diocesi, W. Schlombs, F. Schaller, J. Schürmann e R. Schwarz. Tra gli arredatori ricordiamo, invece, Elmar Hillebrand, Hanns Rheindorf, Peter Hecker, Ludwig Gies, Georg Meistermann ed altri.

Memorabile rimane anche nella storia di Colonia la figura del popolarissimo Cardinale Josef Frings, che nel dopoguerra dovette ricostruire ben 300 chiese. Innumerevoli furono anche i cittadini che lo aiutarono a salvare il Duomo ed altre chiese, trascorrendo le notti dei bombardamenti della Seconda Guerra Mondiale nei solai delle chiese di Colonia pronti a domare eventuali incendi. Senza contare le migliaia di donne che nel dopoguerra dovettero ricominciare da zero, rimuovendo a mani nude le macerie della città.

Quanto scritto fino ad ora può dare soltanto un'idea della storia così ricca di Colonia, una città che merita di essere conosciuta. In Germania ci sono veramente poche città in cui, come a Colonia, passato e presente si intersecano costantemente l'uno con l'altro. La guerra, distruggendo quasi tutta la città, ha creato molti spazi aperti. Ma dalle macerie ancora oggi viene fuori il passato.

Alle due Guerre Mondiali era però fortunosamente sopravvissuto senza danni il più grande archivio comunale della Germania. A farlo crollare, nel 2009, sono stati i lavori e gli scavi sotterranei per la nuova metropolitana. La ricostruzione dello **Stadtarchiv** è ora prevista per il 2014, mentre il restauro e il recupero del materiale storico, gravemente danneggiato al 90%, dovrebbe essere terminato solo entro il 2040.

E intanto la città continua ad adeguarsi alle esigenze della società e dell'economia moderne e a crescere. Così oggi Colonia è diventata per esempio una delle città più importanti per la televisione tedesca, con l'insediamento degli studi di RTL e WDR. Inoltre è un centro automobilistico di primaria grandezza, con gli stabilimenti di Ford e Toyota e l'importante indotto che li circonda.

Nel 2012 vi è stata inaugurata una delle più grandi **moschee** della Germania sulla Venloer Straße, un'altra pietra miliare dell'architettura nel terzo millennio di questa città.

Lo spazio libero creato dai bombardamenti dell'ultima guerra è stato sostanzialmente utilizzato per far fronte alle esigenze della modernità, pur nel costante rispetto delle testimonianze del passato. Così nella palpitante metropoli è rimasta viva l'antica Colonia, che a Carnevale gioca e si burla di se stessa, nei, comici personaggi di Tünnes e Schäl, e canta il proprio amore per la patria in canzoni piene di sentimento, anche negli anni dell'evacuazione e della distruzione.

Nel 1531 Anton Woensam aveva intitolato la sua celebre opera *De sacra et civili magnitudine Coloniae*. E anche queste pagine hanno voluto raccontare della “Grandezza della Colonia sacra e civile”.

Il Museo dello Sport e delle Olimpiadi

Nell'area settentrionale della Rheinauhafen, vicino al Museo del Cioccolato, è situato il Museo dello Sport e delle Olimpiadi, ricavato nei magazzini dell'antica dogana del porto di Rheinau. Inaugurato nel 1999, è uno dei più moderni musei di Colonia, dove si fondono tradizione, innovazione e tecnologia.
Su una superficie espositiva di circa 2000 m^2 è raccontata in modo interattivo e con un concetto totalmente innovativo la storia degli sport e la loro evoluzione nel corso dei secoli, attraverso gli strumenti, gli aneddoti e i miti legati alle varie discipline.
Disposto su due piani, il primo dedicato all'esposizione permanente, il secondo riservato a mostre ed eventi speciali, il museo vanta una ricchissima collezione, composta da circa 100.000 oggetti fra abbigliamento, attrezzature sportive e da gioco, medaglie, documenti, premi sportivi, manifesti d'arte, che offre al visitatore l'opportunità di compiere un vero e proprio viaggio nel tempo.

Il percorso inizia migliaia di anni fa, in un campo di atletica leggera dell'antica Grecia, per poi attraversare, in una sequenza temporale suddivisa in 80 m di lunghezza, i più importanti eventi sportivi. È testimoniata l'evoluzione della ginnastica e dello sport, in particolare nella Germania e nell'Inghilterra del XIX secolo, fino ai moderni sport professionistici e ai grandi atleti di oggi.
Numerose le curiosità e gli oggetti "simbolo" custoditi, tra i quali

una racchetta distrutta con le proprie mani da Boris Becker e le scarpe del campione di Formula 1 Michael Schumacher. Ampio spazio è dato ai Giochi Olimpici di Berlino del 1936 e a quelli di Monaco del 1972.

In alcune sezioni è possibile provare dal vivo le varie discipline, come sul ring perfettamente ricostruito o nella galleria del vento, dove sono simulate le diverse velocità al Tour de France.

Sul tetto del museo è ricostruito un campo sportivo, dove si può giocare a calcio, basket o tennis e godere di uno splendido panorama sulla città.

Il Museo del Cioccolato

Nella punta settentrionale della Rheinauhafen, dove in periodo medievale era situato il porto commerciale della città, nel 1993 l'imprenditore Hans Imhoff fondò il Museo del Cioccolato. Nel marzo del 2006 la Lindt & Sprüngli iniziò una collaborazione con il museo, subentrando all'azienda cioccolatiera Stollwerck, di proprietà del fondatore. In un edificio a forma di nave interamente costruito in acciaio e vetro sono raccontati i 3000 anni di storia del prezioso alimento, in un'esposizione disposta su tre piani. La prima area del museo è occupata da una serra di 100 m^2 per 10 m di altezza, all'interno della quale è ricostruita la flora dell'Amazzonia. In un afoso clima tropicale, insieme alla pianta della vaniglia, a quella del caffè e ai banani troviamo il *Theobroma cacao*, da cui si ricava quello che dagli Atzechi era considerato il "cibo degli dei". Partendo dall'amarissima fava di cacao inizia la lavorazione: all'interno del museo è possibile seguire in tempo reale la sua trasformazione, attraverso gli appositi macchinari, per arrivare al dolcetto incartato e inscatolato. Ogni giorno nella fab-

In basso, un'immagine del modernissimo edificio in vetro e acciaio che ospita il Museo del Cioccolato, sulla sponda del Reno, a breve distanza dal centro storico della città e accanto al Museo dello Sport e delle Olimpiadi. A sinistra, la celebre e apprezzatissima Fontana del Cioccolato.

brica vengono prodotti 400 kg di cioccolato, in tavolette, tartufi e forme fantasiose.

Il secondo piano è dedicato alla storia del cacao: prezioso fin dalle sue origini, venerato come un cibo sacro in America centrale, fu un bene di lusso anche in Europa, quando vi giunse nel XVIII secolo. Raffinati servizi in porcellana e preziose cioccolatiere erano create per degustare l'esaltante bevanda.

Il terzo piano è dedicato invece alle pubblicità, le macchine distributrici, il packaging e tutto ciò che rappresenta l'immagine del cioccolato: dal 1926, quando era pubblicizzato come alimento energetico, agli spot degli anni settanta, veri e propri film. Gioia dei bambini e di tutti i golosi, all'interno del museo è una grande fontana dorata dalla quale sgorgano 200 litri di profumato cioccolato liquido e tiepido, che ovviamente è possibile degustare inzuppandoci dei wafer.

"D'R KÖLSCHE FASTELOVEND"
IL CARNEVALE DI COLONIA

Il Carnevale della Renania si rifà ai Saturnali romani, che nella Colonia romana venivano festeggiati come nell'antica Roma dal 17 al 19 dicembre. La stessa parola "Carnevale" sembra derivare da "carrus navalis", un carro a forma di nave che si usava proprio in questa colonia romana durante i festeggiamenti. Per questo si potrebbe dire che il Carnevale ha le sue origini proprio a Colonia! Nel V secolo, per adattare questi riti pagani alla liturgia cattolica, da festa invernale si trasformò nel *Fastabend*, serata di digiuno della Quaresima. Da questa parola deriva anche la parola "Fastelovend" per indicare il Carnevale di Colonia. Le maschere, la chiassosità e l'allegria di questa festa, oggi come 2000 anni fa, hanno ancora lo stesso significato: spaventare e cacciare i demoni invernali! Nel Medioevo la Chiesa provò a vietare i festeggiamenti prima della Quaresima, o per lo meno a conferire loro un significato più religioso, ma l'origine dai Saturnali, che prevedevano anche un totale sovvertimento dell'ordine sociale (per qualche giorno i servi diventavano padroni), continuò a mantenersi evidente. Solo nel XIX secolo il Carnevale iniziò a prendere la forma attuale adottando le usanze del Carnevale italiano, con sfilate di bande musicali e commedianti. Le corporazioni e le unioni degli artigiani ebbero sempre più potere, iniziando a dirigere questa festa che ancora oggi viene largamente organizzata da queste congreghe. Il giovedì iniziò ad affermarsi il *Carnevale delle Donne* ("Wieverfastelovend"): in quel giorno le donne prendevano in mano le redini della città (un altro segno del capovolgimento dei ruoli dettato dai Saturnali), e la giornata dava il via ai festeggiamenti che si protraevano fino a raggiungere l'apice il *Lunedì delle Rose*. Con il dominio francese, nel 1794, arrivò il divieto per il Carnevale, che iniziò ad esser festeggiato clandestinamente e di conseguenza si politicizzò. Quando i prussiani, nel 1815, cacciarono i francesi, il Carnevale degradò in festeggiamenti sempre più volgari. Rischiando un divieto anche da parte delle autorità prussiane, la borghesia riprese

a sovrintendere all'organizzazione del Carnevale e lo fece tornare una festa a mezza via tra religione e culto popolare. Per dare al Carnevale maggiore sobrietà vennero inventati l'eroe "Carnevale" e la sua eterna sposa "Venetia" che "regnavano" sulla città durante i festeggiamenti, avendo così modo di controllare eccessi e stravizi.

Le usanze e i costumi del Carnevale odierno richiamano molti di questi elementi storici. La parte organizzativa del Carnevale ha inizio l'11 novembre, alle ore 11 e 11 minuti. Il Carnevale "stradale" invece, che si svolge nella settimana prima delle Ceneri, parte il giovedì alle ore 11 e 11 minuti con il Carnevale delle Donne. Nel Palazzo Comunale il sindaco consegna il comando della città ai tre sovrani del Carnevale: il principe, il fante, che rappresenta la potenza difensiva della città, e la vergine, simbolo di Colonia, figure che con il tempo hanno sostituito la coppia "Carnevale" e "Venetia" e dirigono ormai a loro volta il Carnevale. Un corteo, accompagnato da danze e musiche, parte dal Severinstor e arriva fino all'Alter Markt, dove si trova il monumento a Jan von Werth. Maschi, occhio! Le donne hanno il permesso di comportarsi male! Baciano chi vogliono e portano con sé una forbice per tagliare... le punte delle cravatte! Il Lunedì delle Rose originariamente era una festa cattolica. Quel giorno il papa consacrava una rosa, che veniva poi portata in processione lungo le strade di Roma. Oggi il Lunedì delle Rose ("Rusemondach") è il momento più importante di tutto il Carnevale. In questo giorno si svolge il corteo dei carri allegorici, che si rifà scherzosamente ai grandi temi di attualità. Passa per le vie cittadine e attira ogni anno un milione di turisti. Dai loro carri le congreghe lanciano fiori e caramelle ("Strüssjer un Kamelle") tra la folla. Si possono tranquillamente baciare anche poliziotti (e poliziotte!), che in questi giorni di follia sono una "libera preda". Al grido "bützjer" ("bacini") si chiedono baci... per chi ne avesse voglia! Per chi invece cerca una sfilata più "tranquilla" si consiglia quella delle scuole e dei quartieri ("Schull- un Veedelszöch"), la domenica di Carnevale, sulla stessa rotta dei "grandi", con la partecipazione di moltissimi bambini. Il mercoledì delle Ceneri, poi, la città torna "normale". Come dice una popolare canzone del Carnevale di Colonia: "Am Aschermittwoch ist alles vorbei", "Il mercoledì delle Ceneri è tutto finito". *Kölle Alaaf*!

Indice